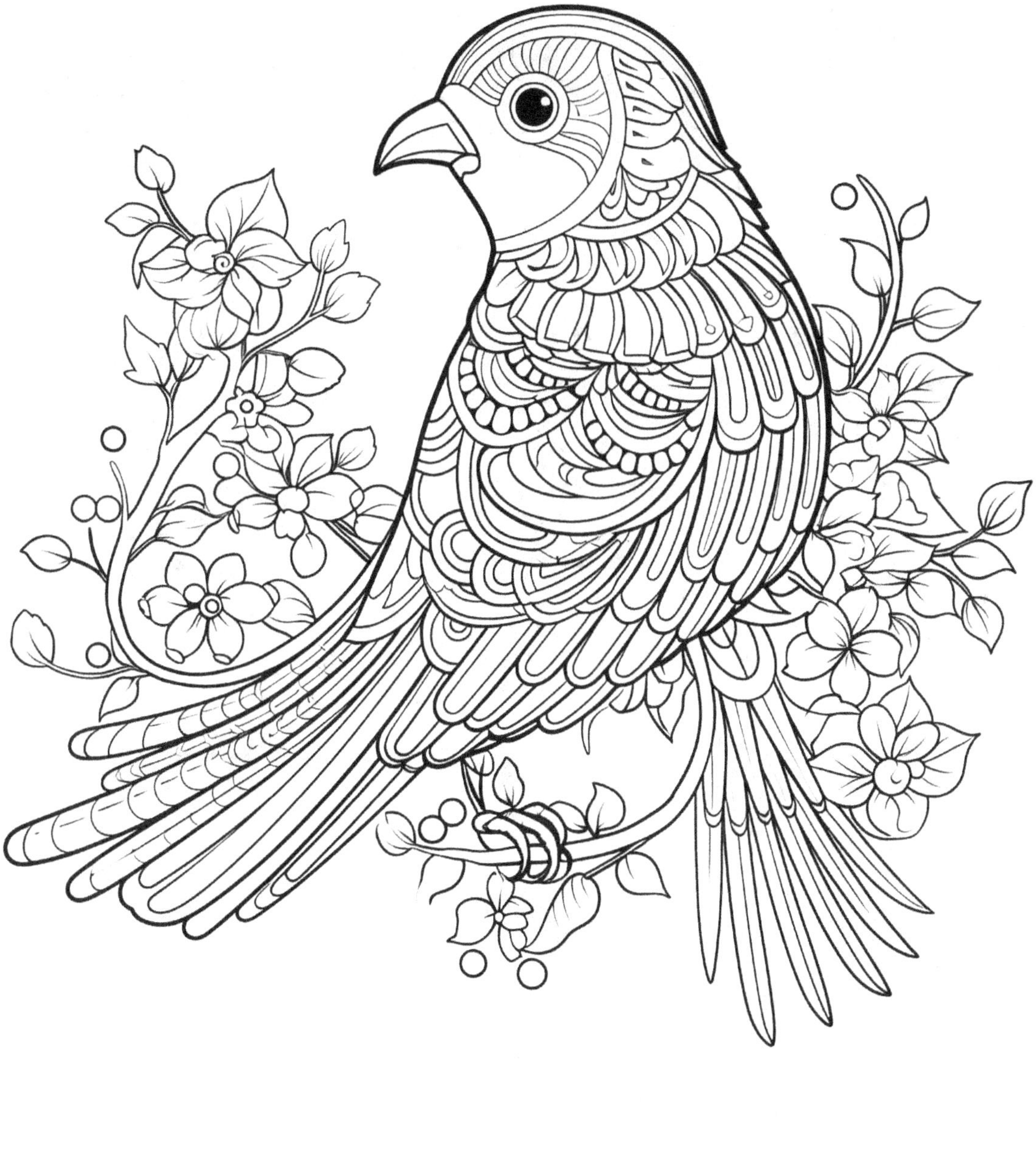

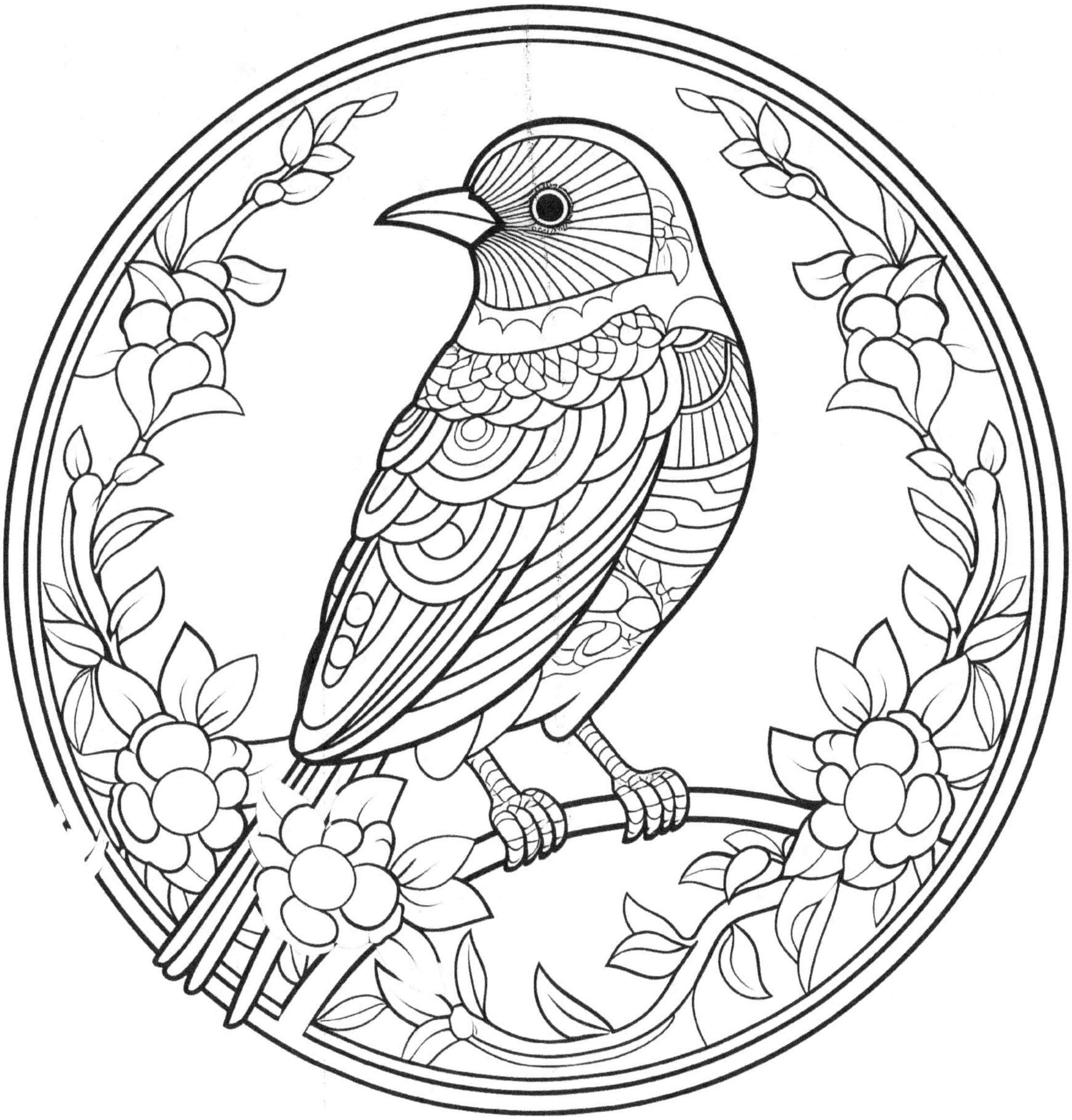

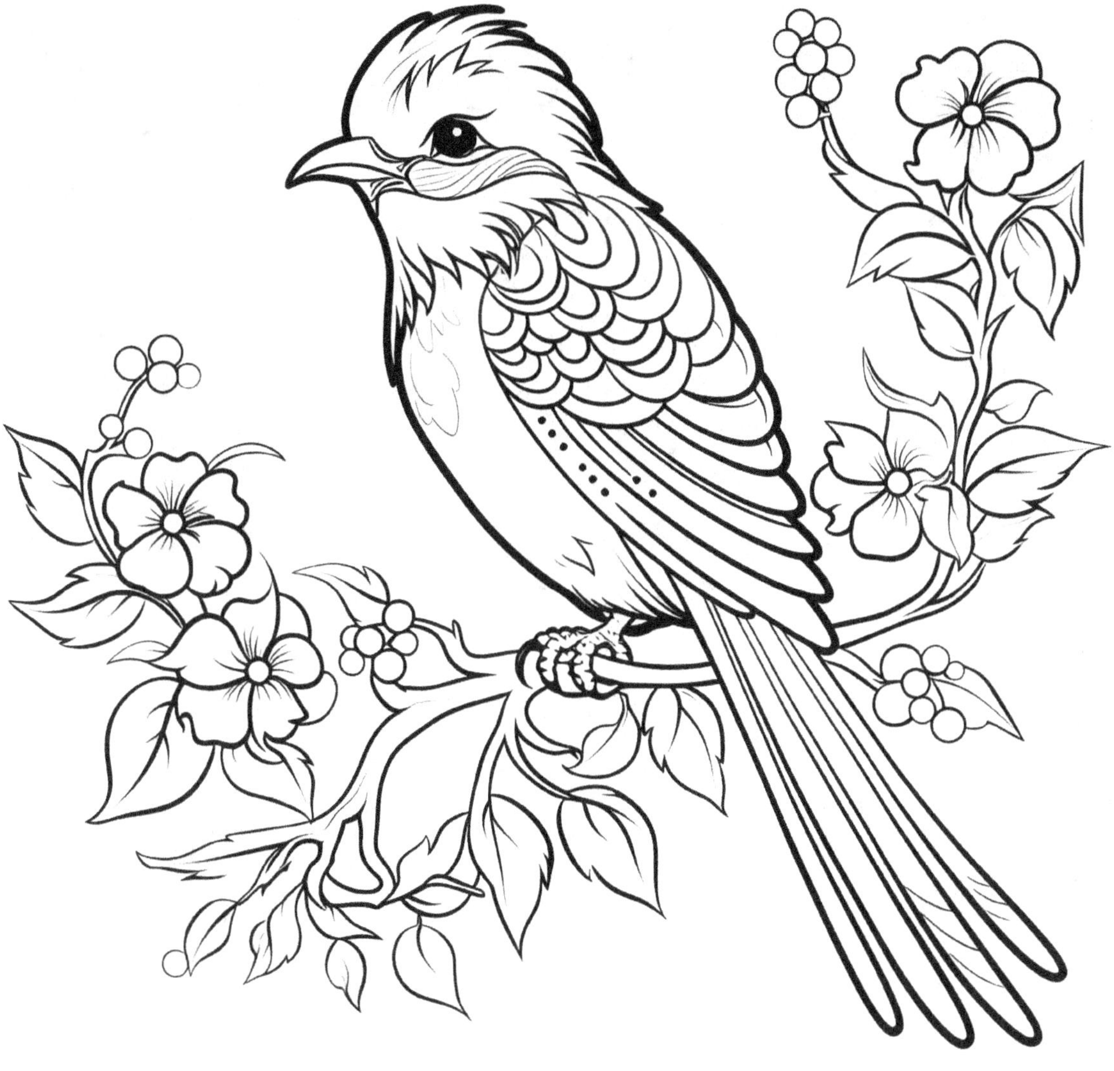

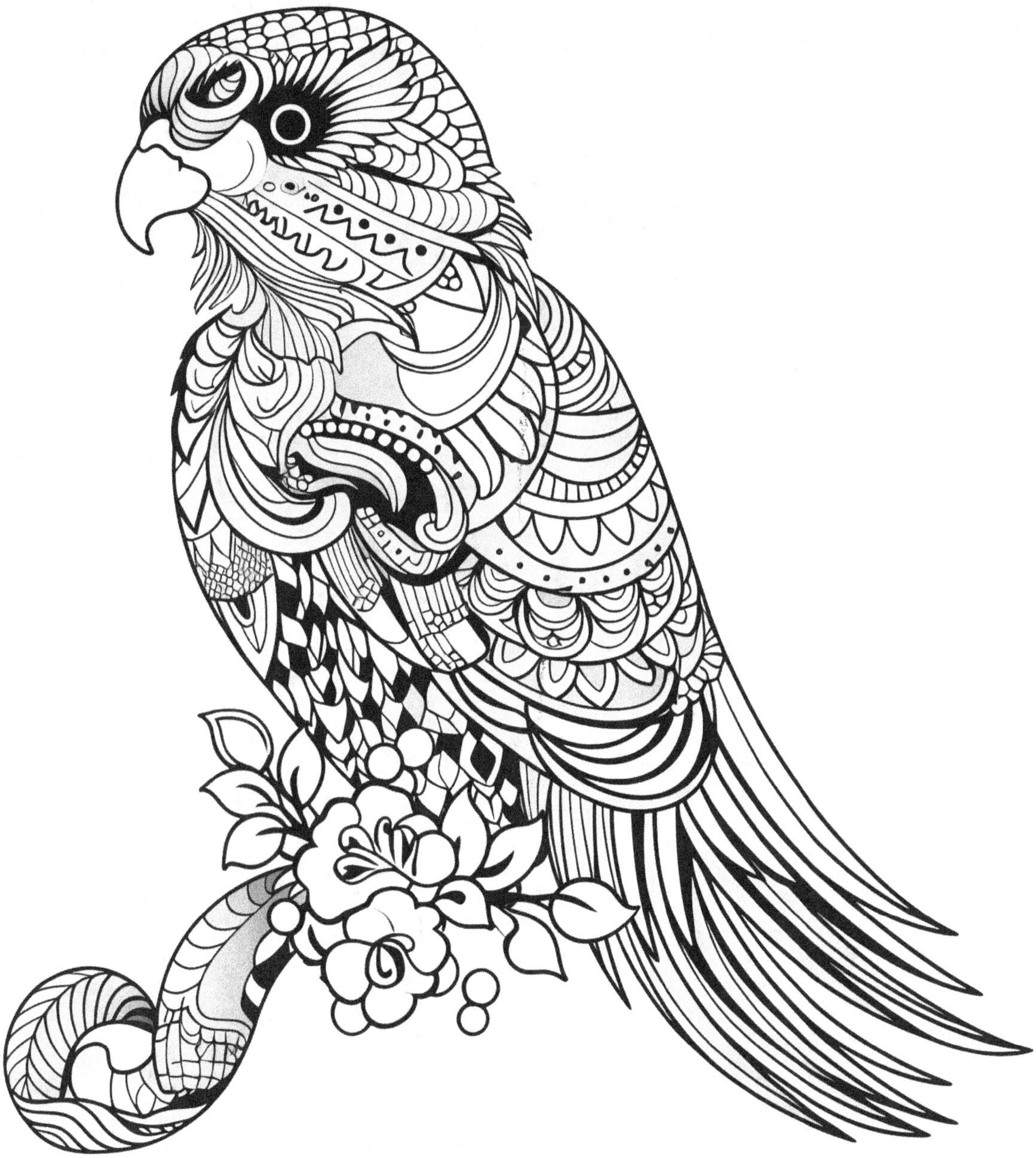

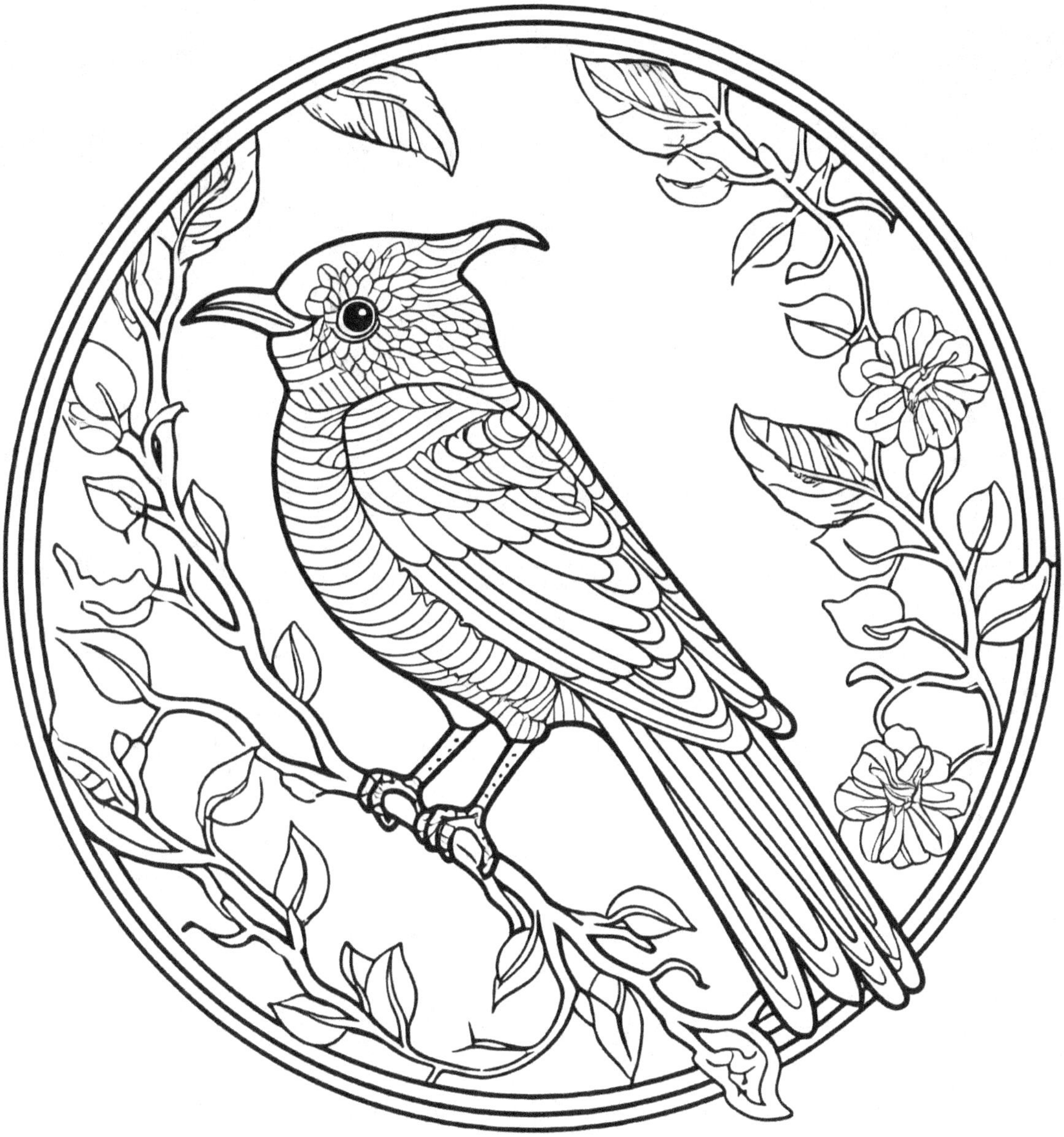

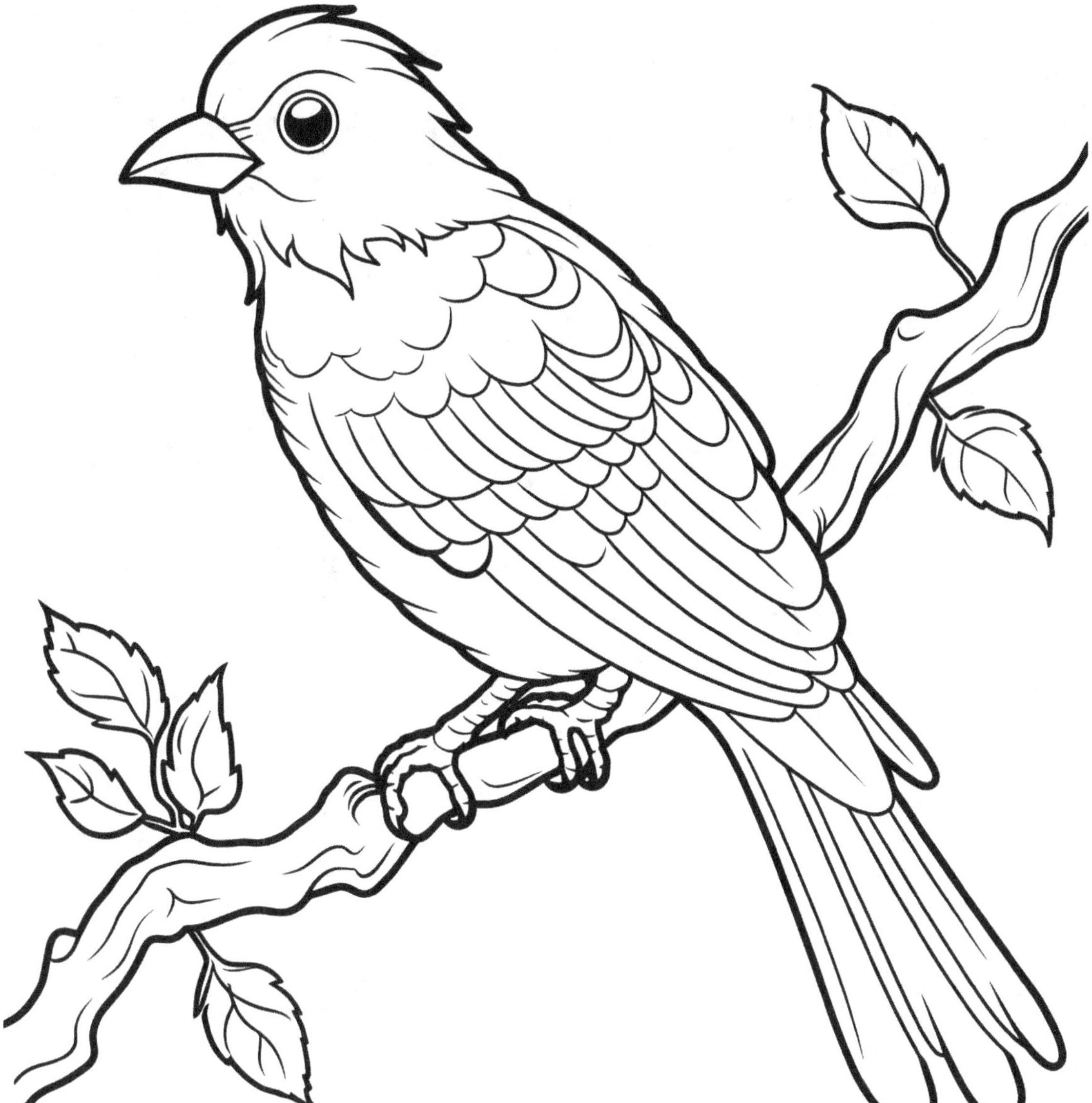

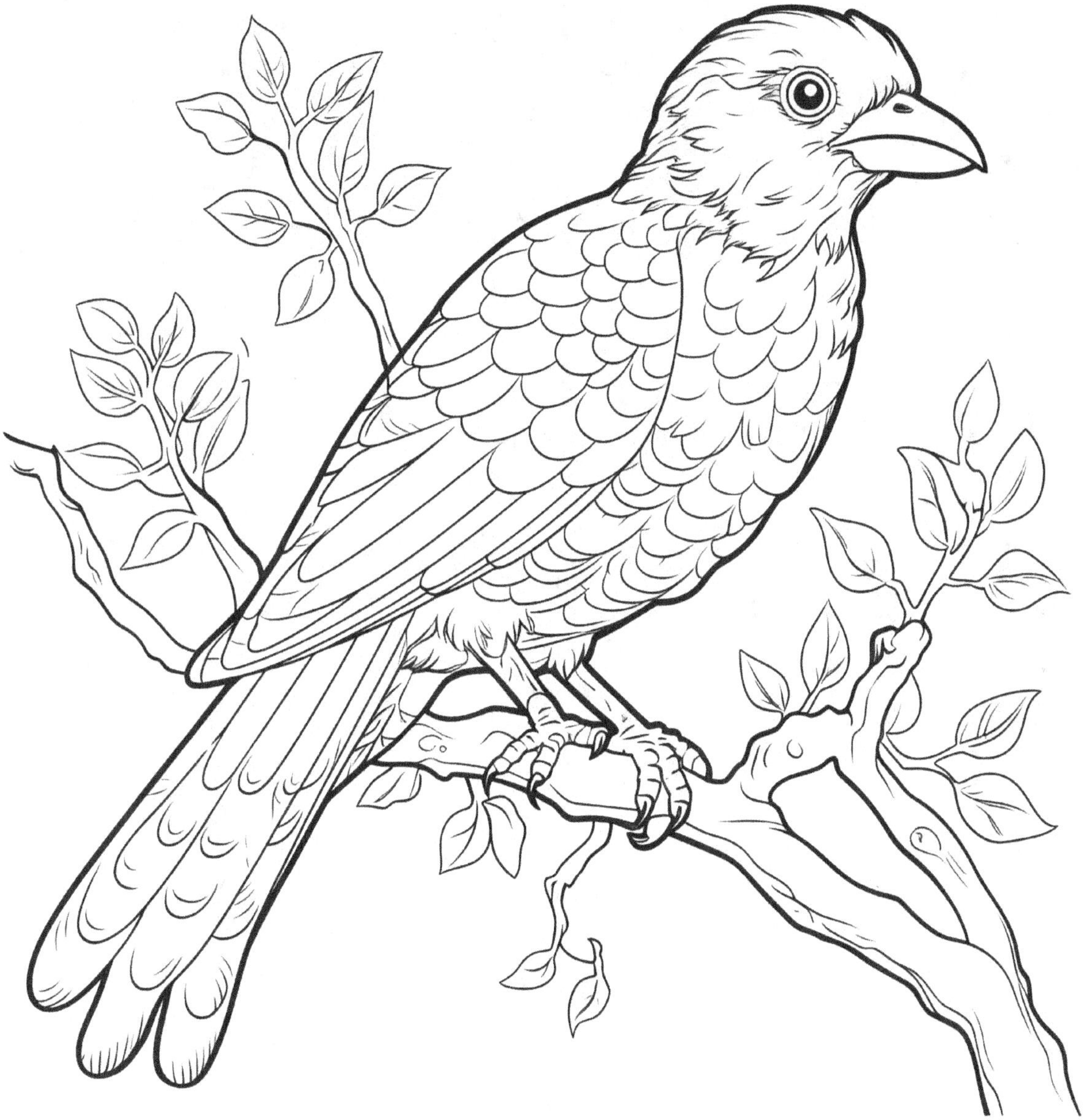

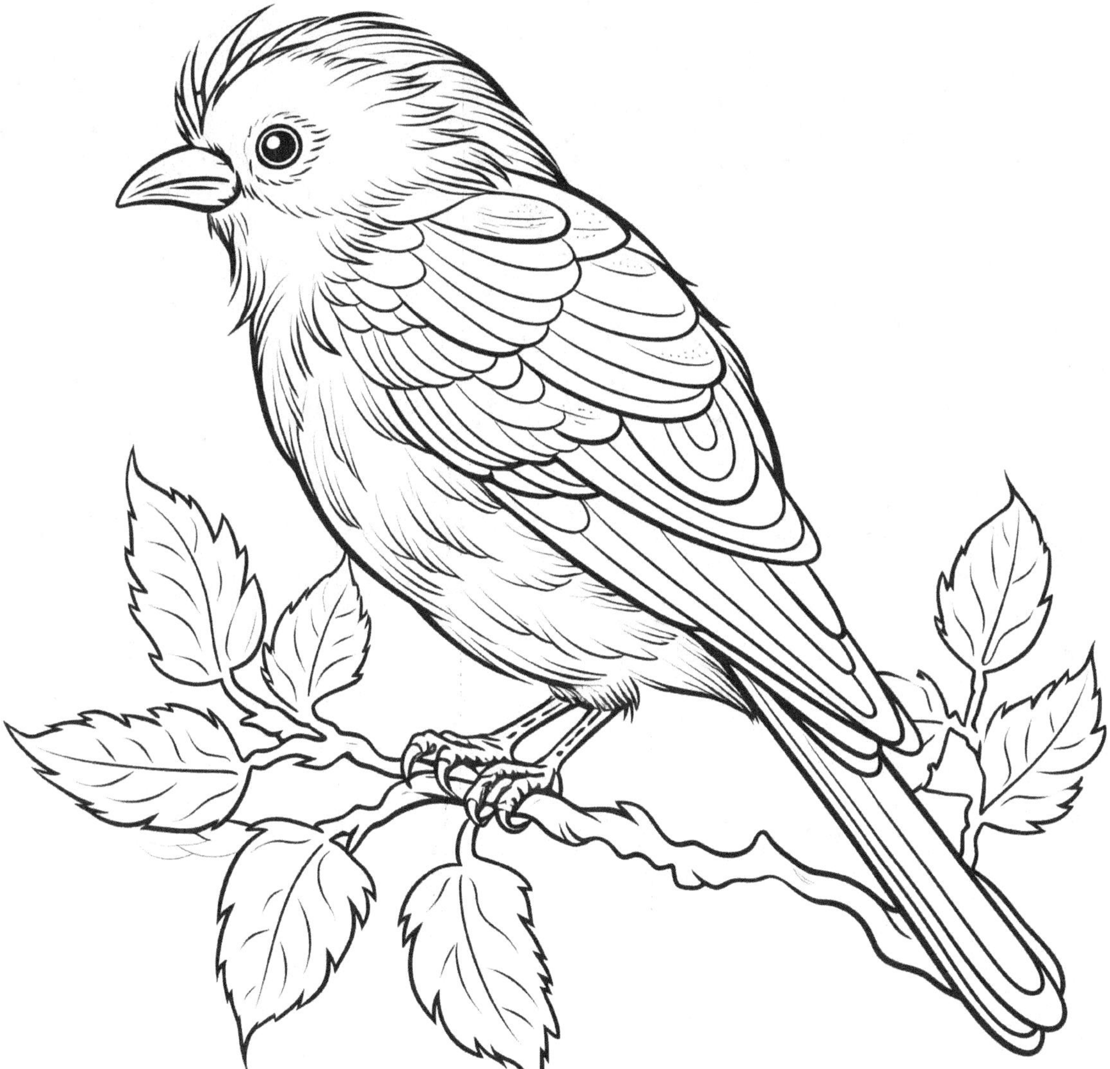

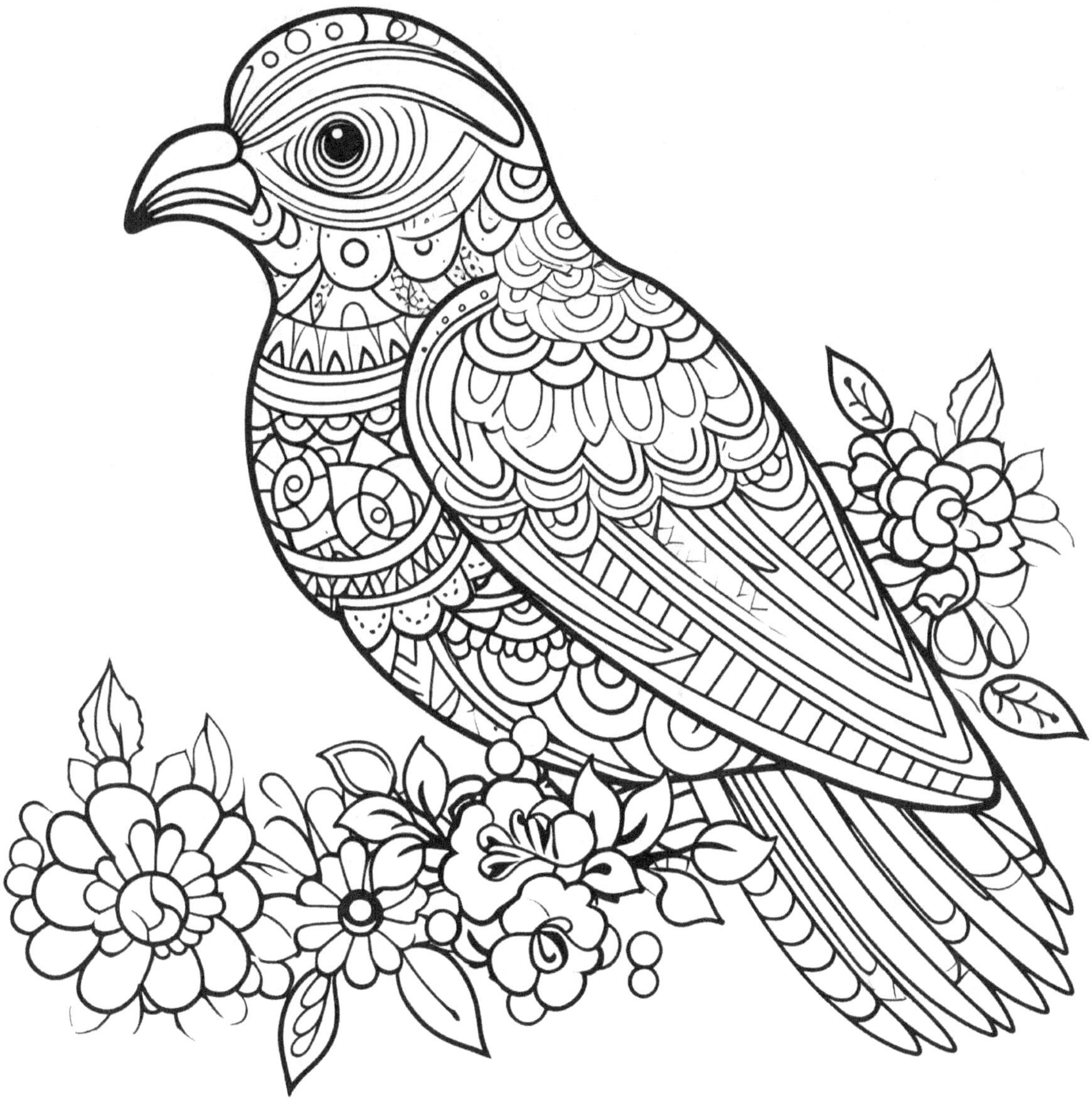

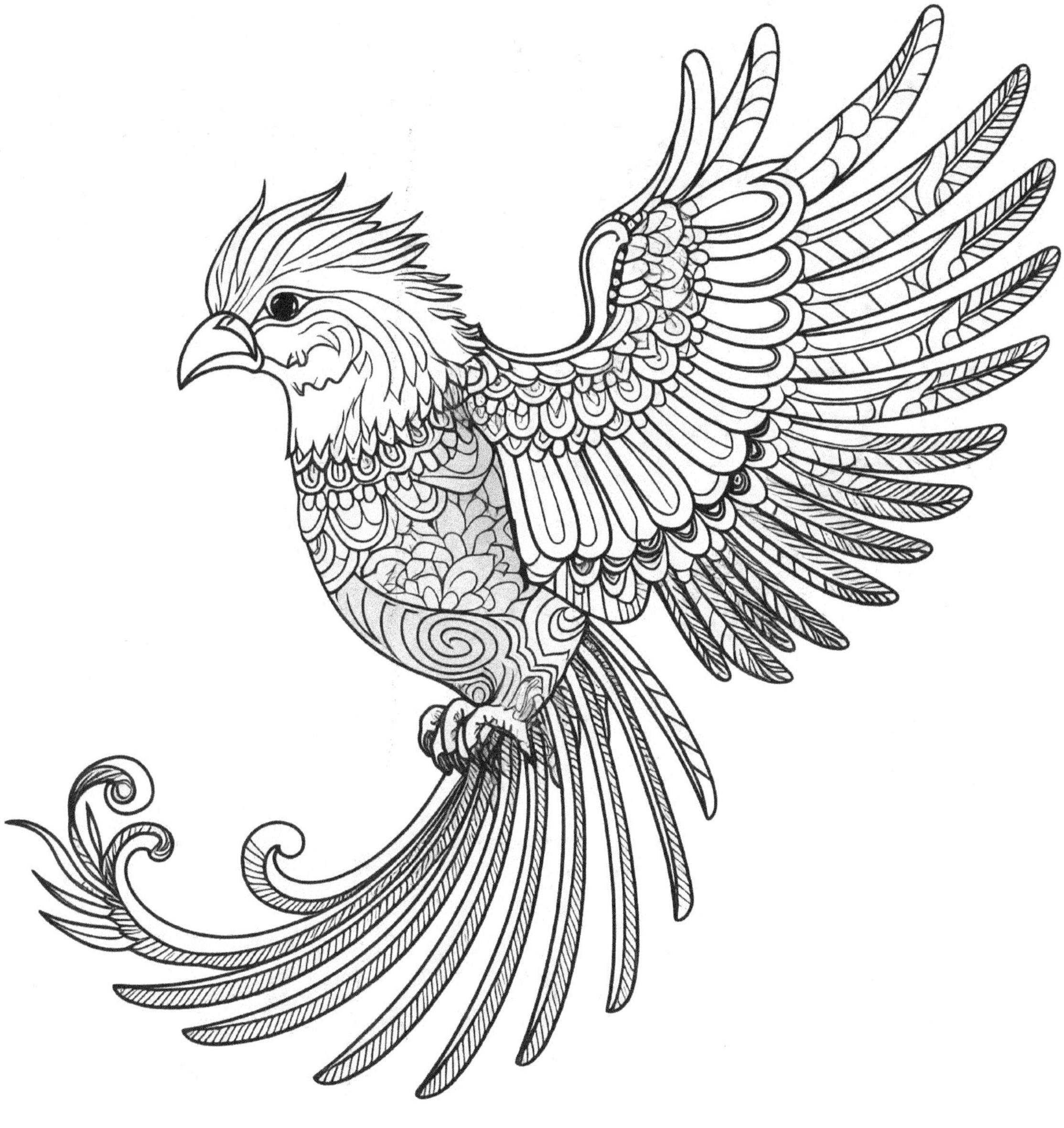

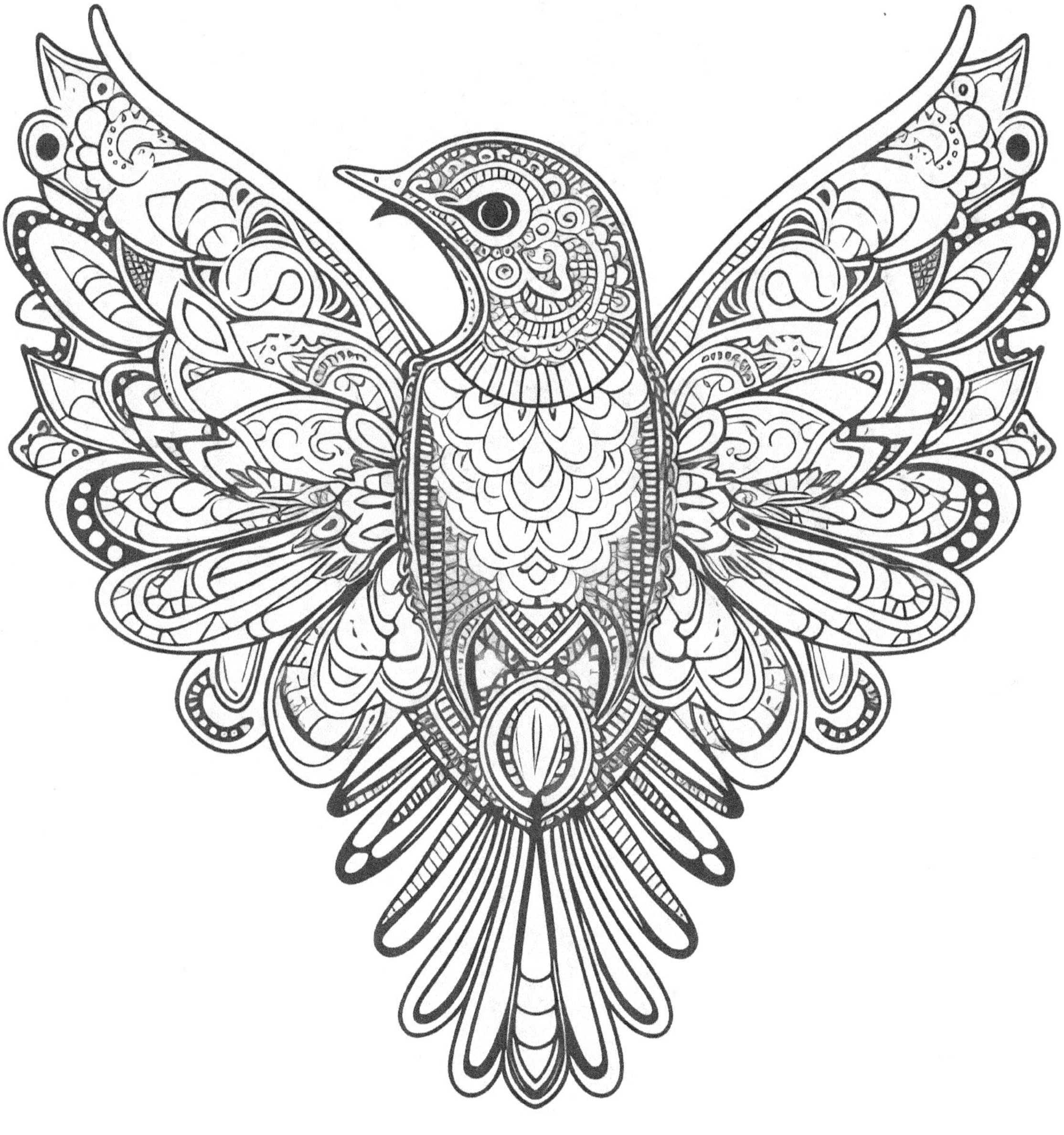

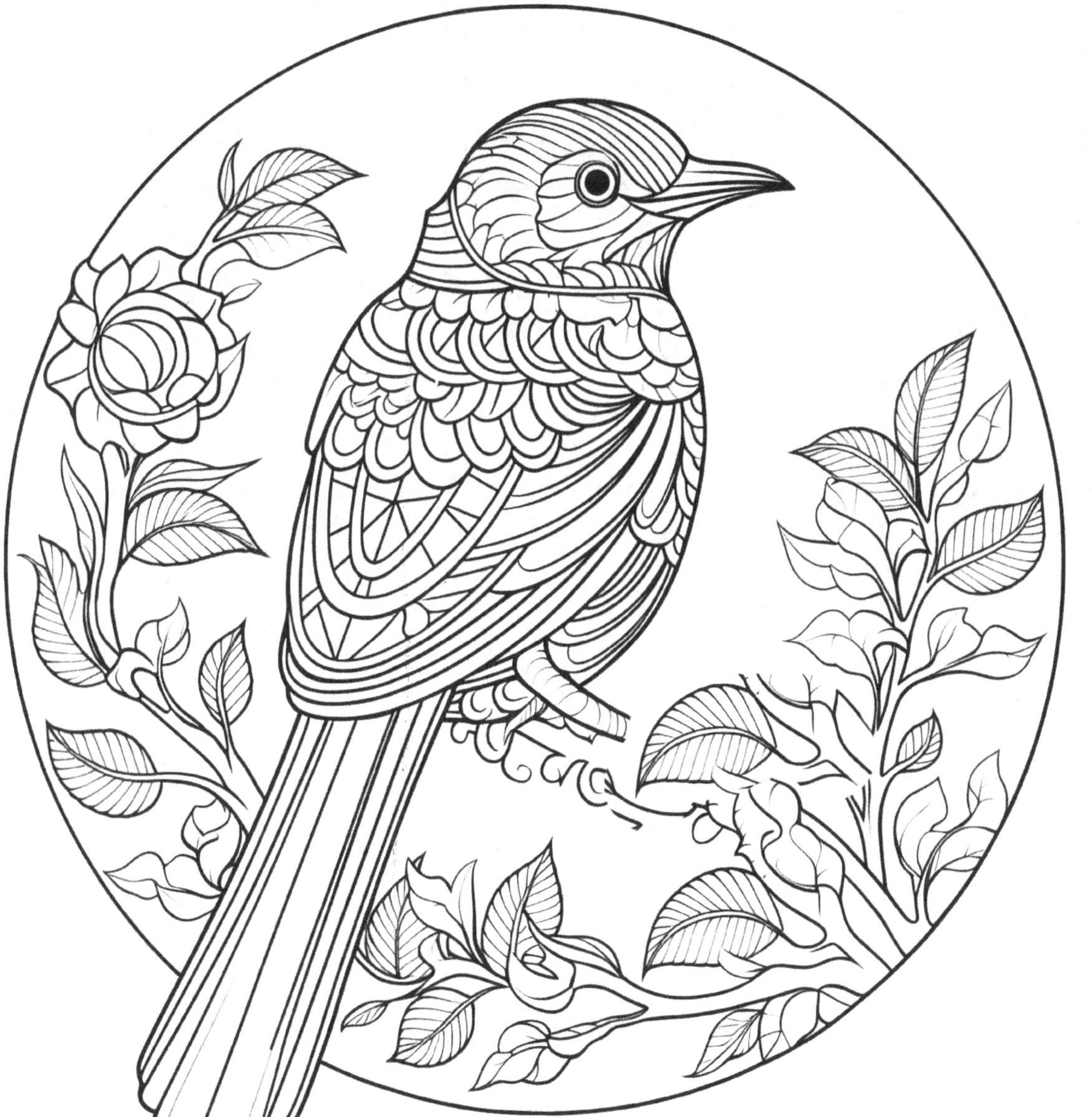

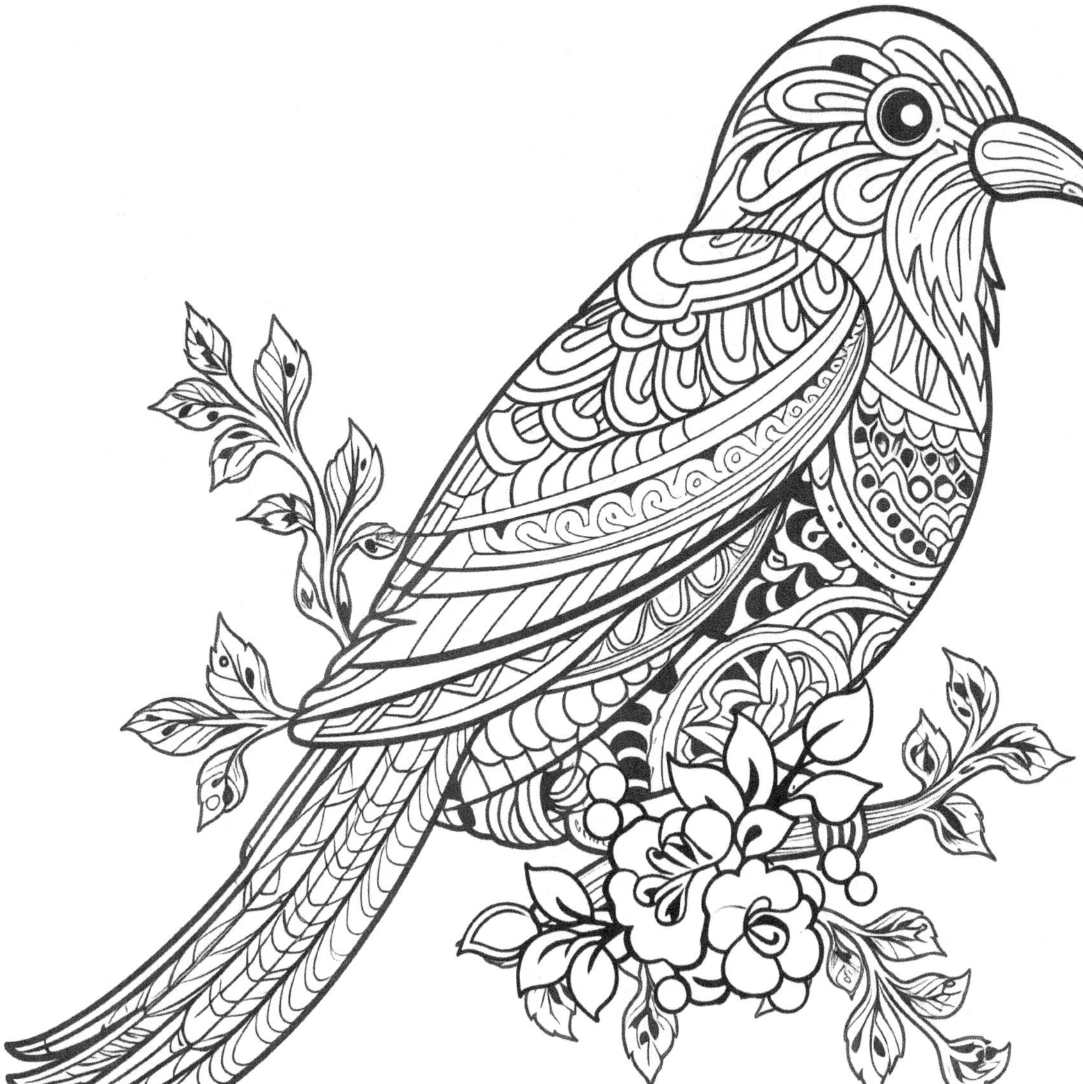

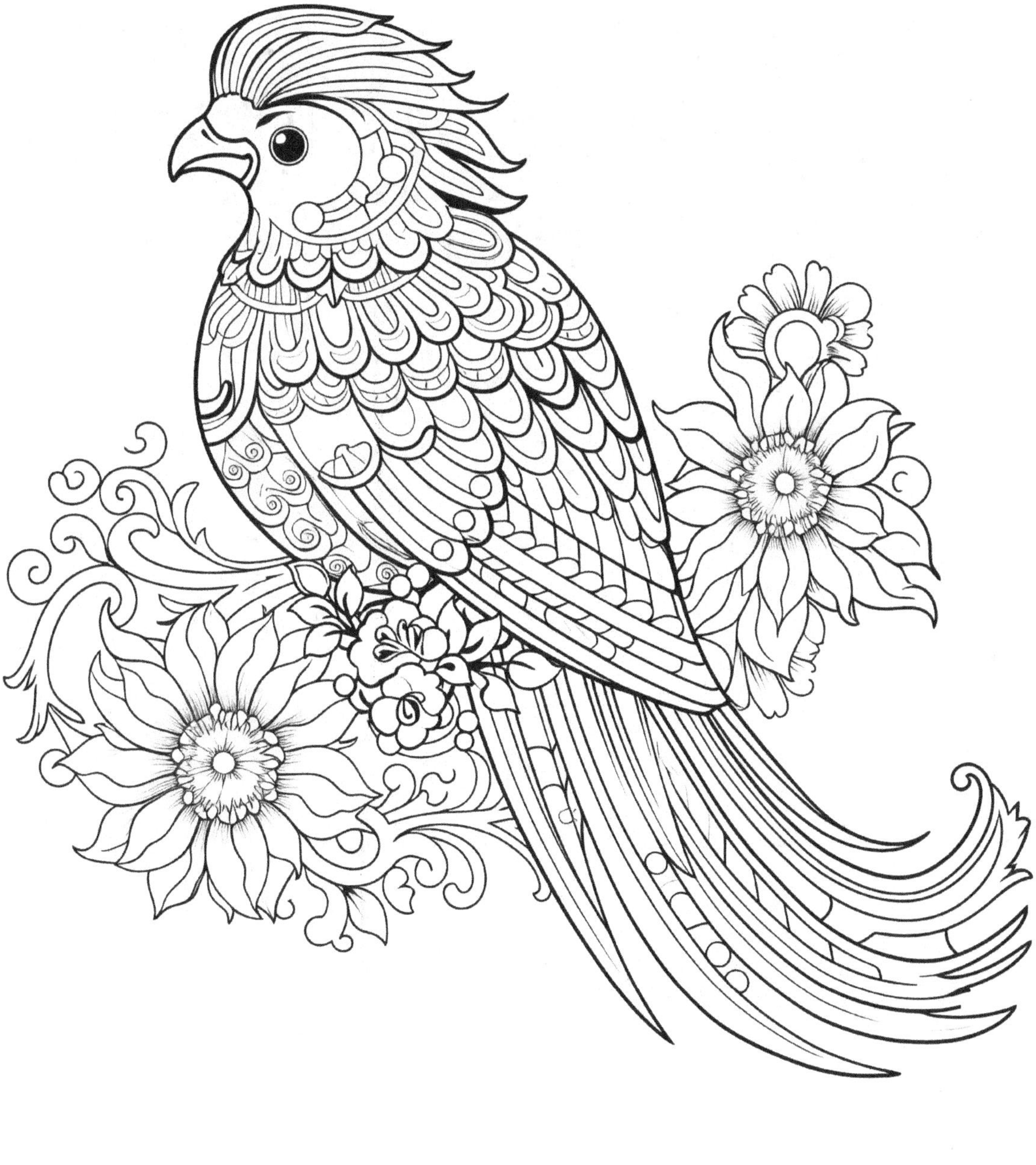

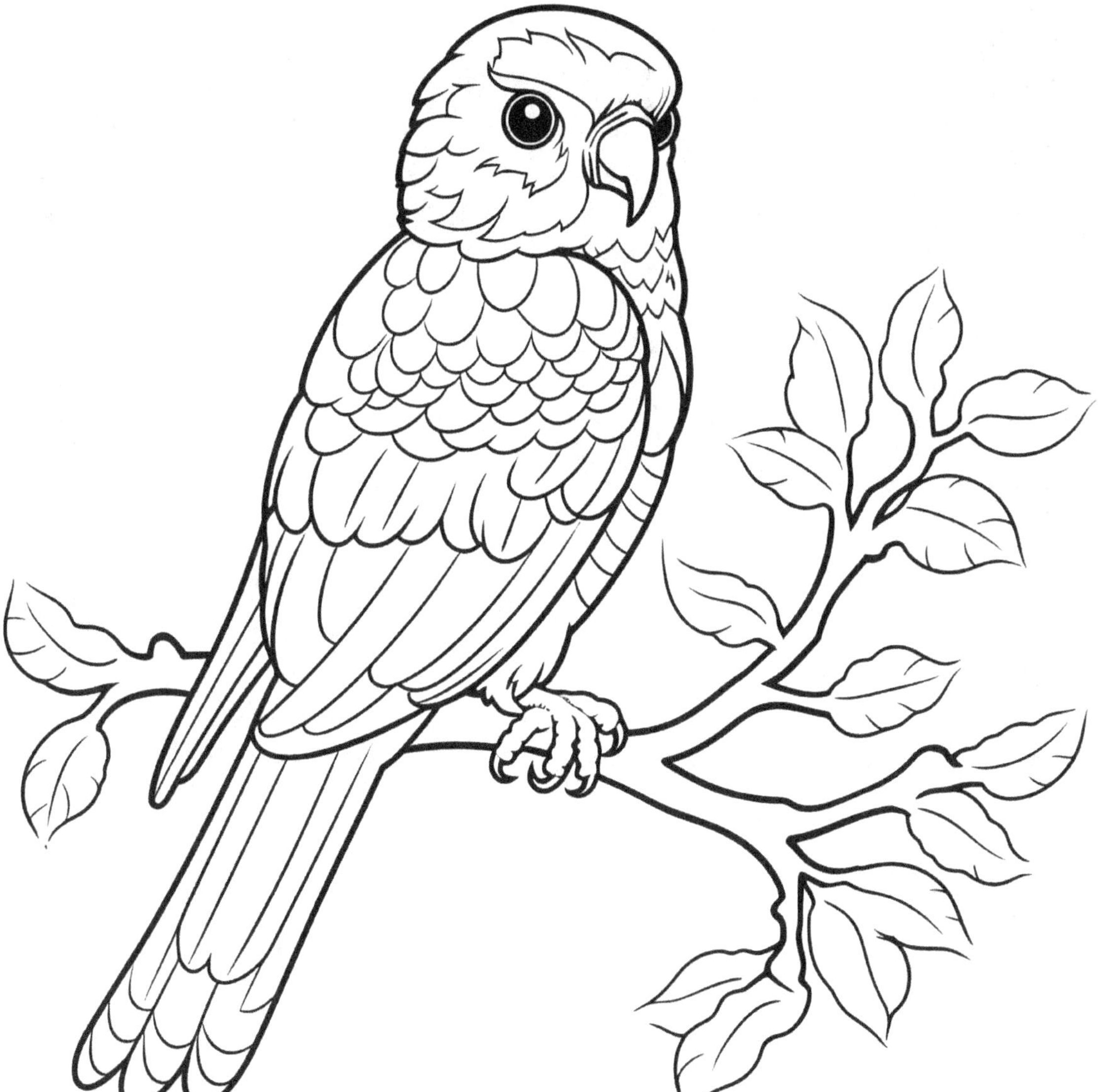

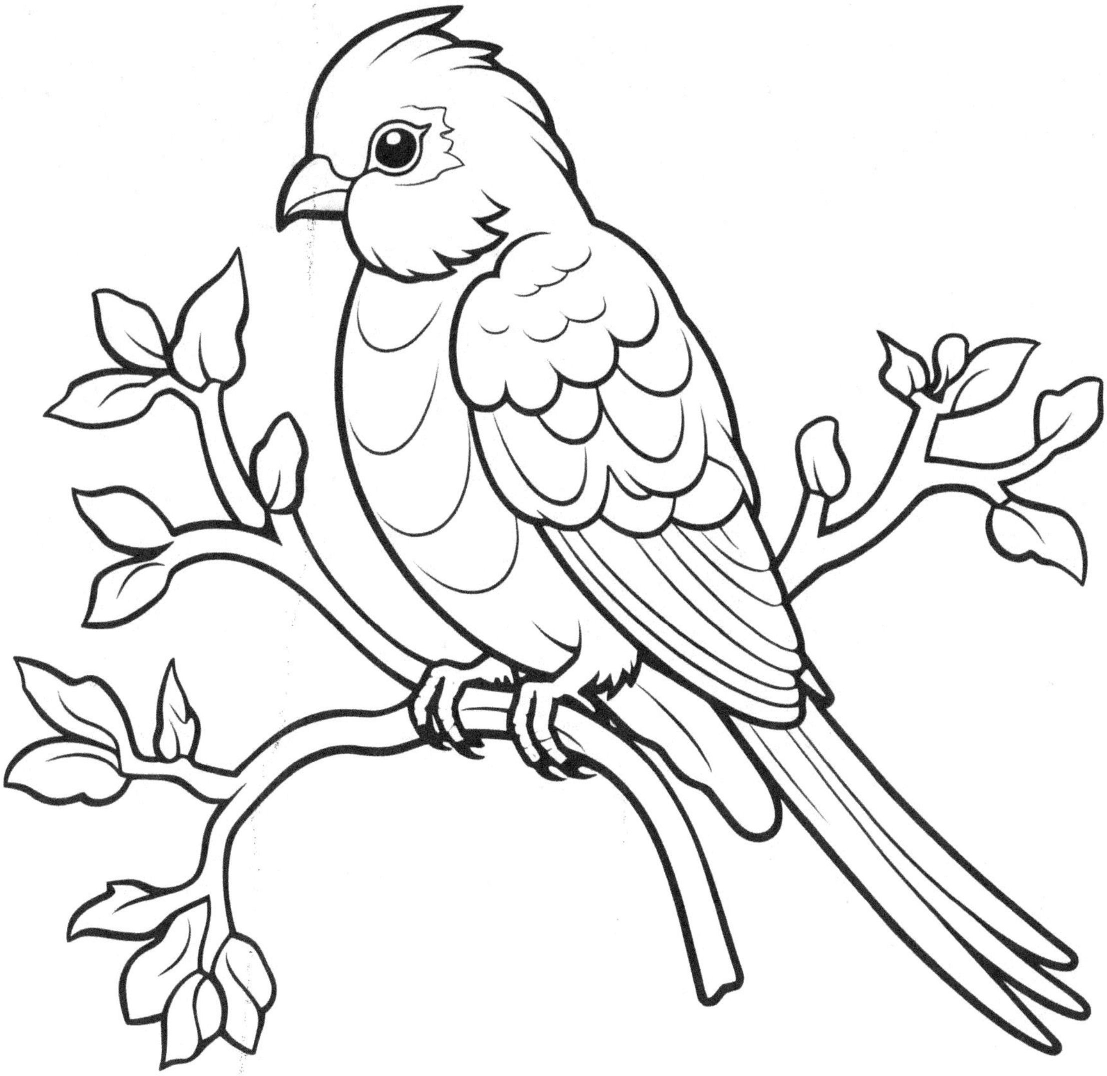

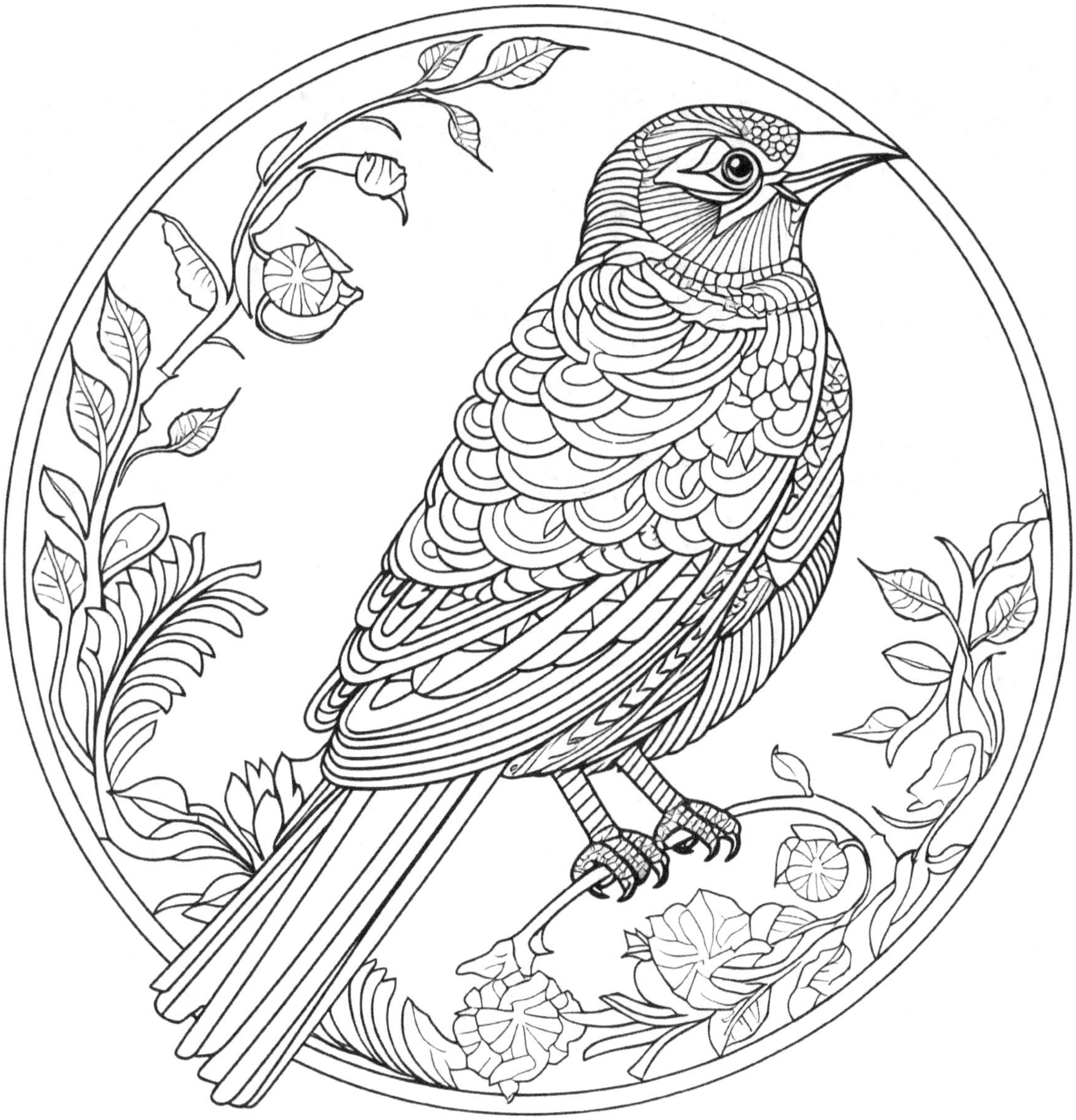

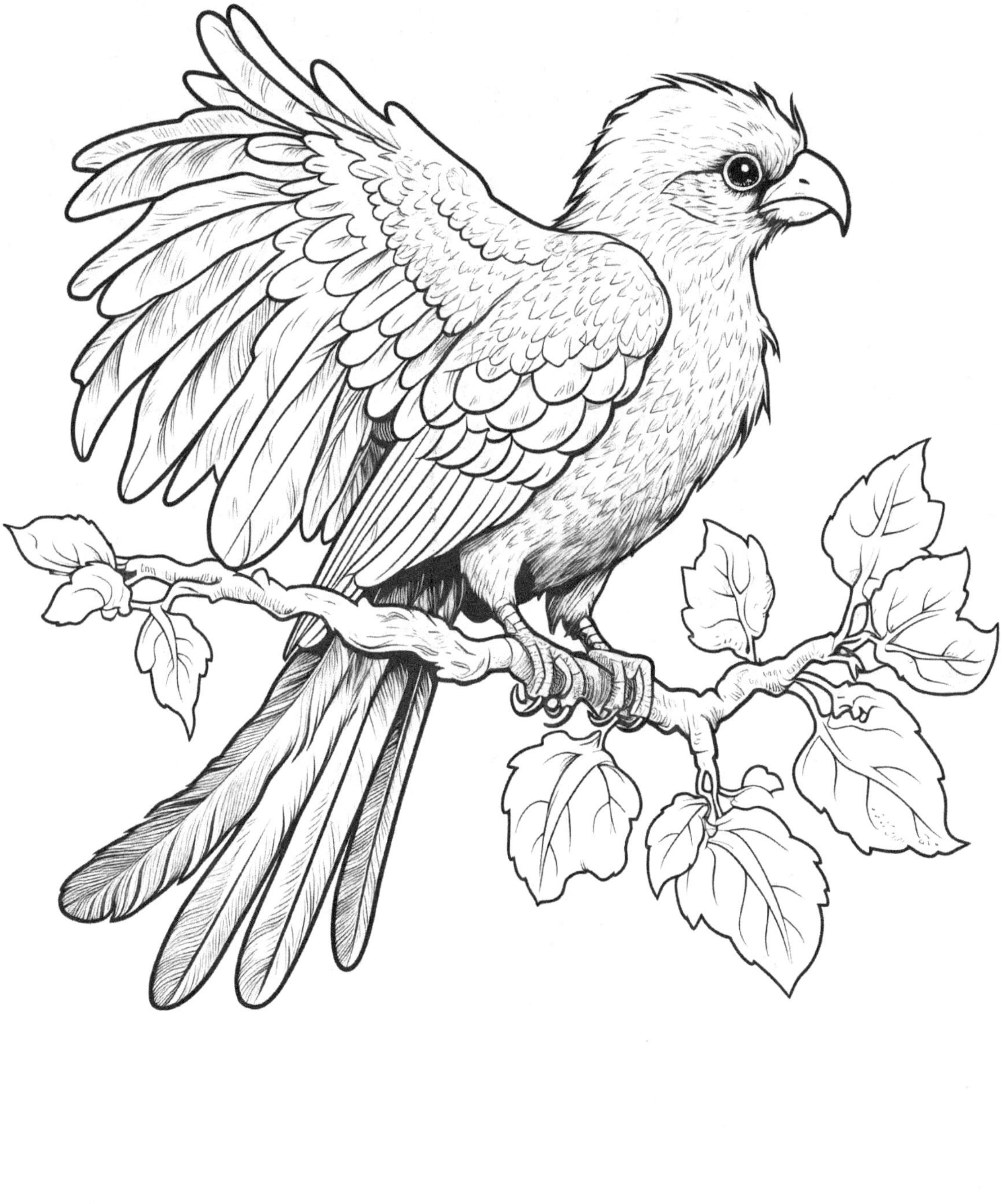

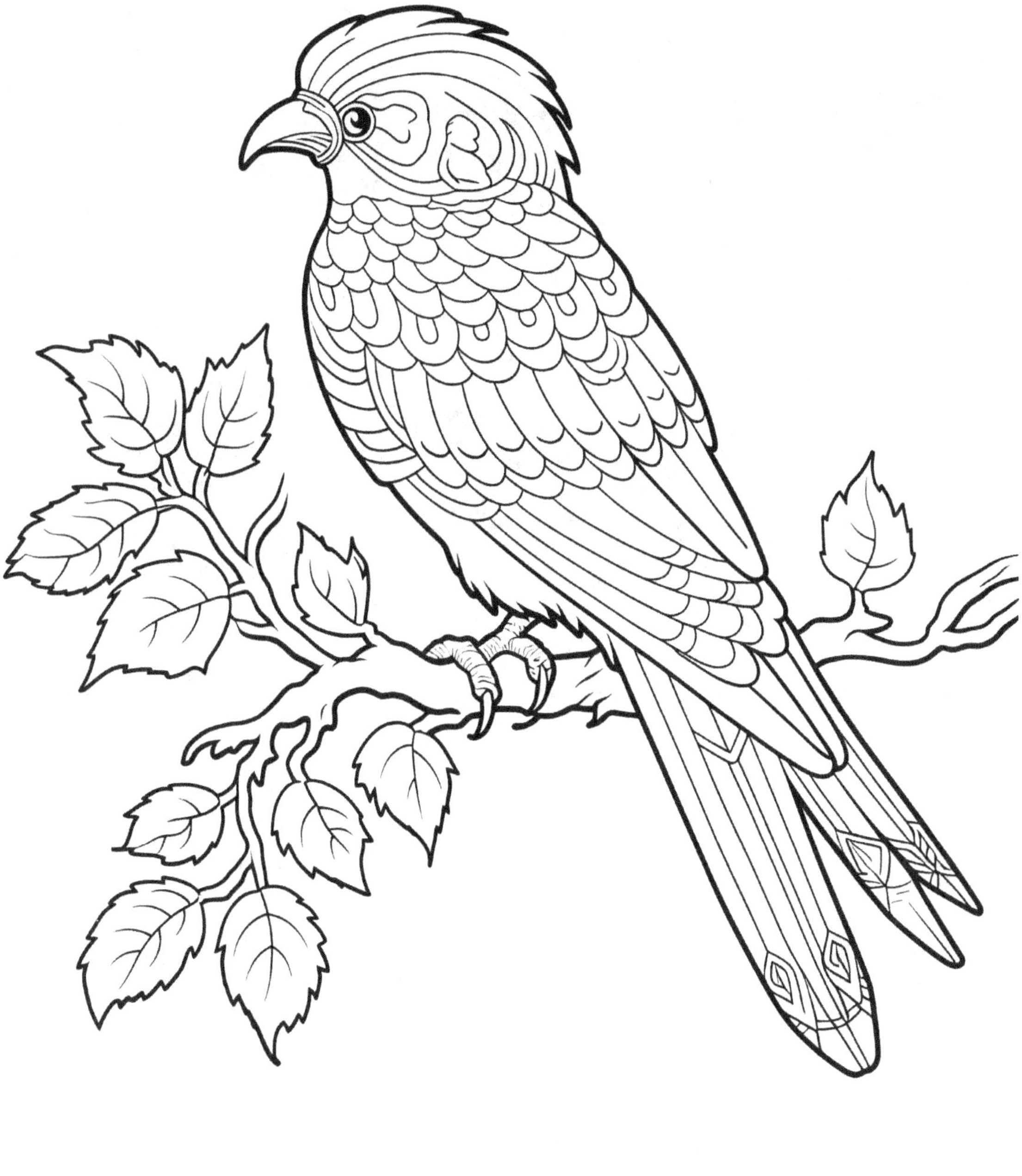

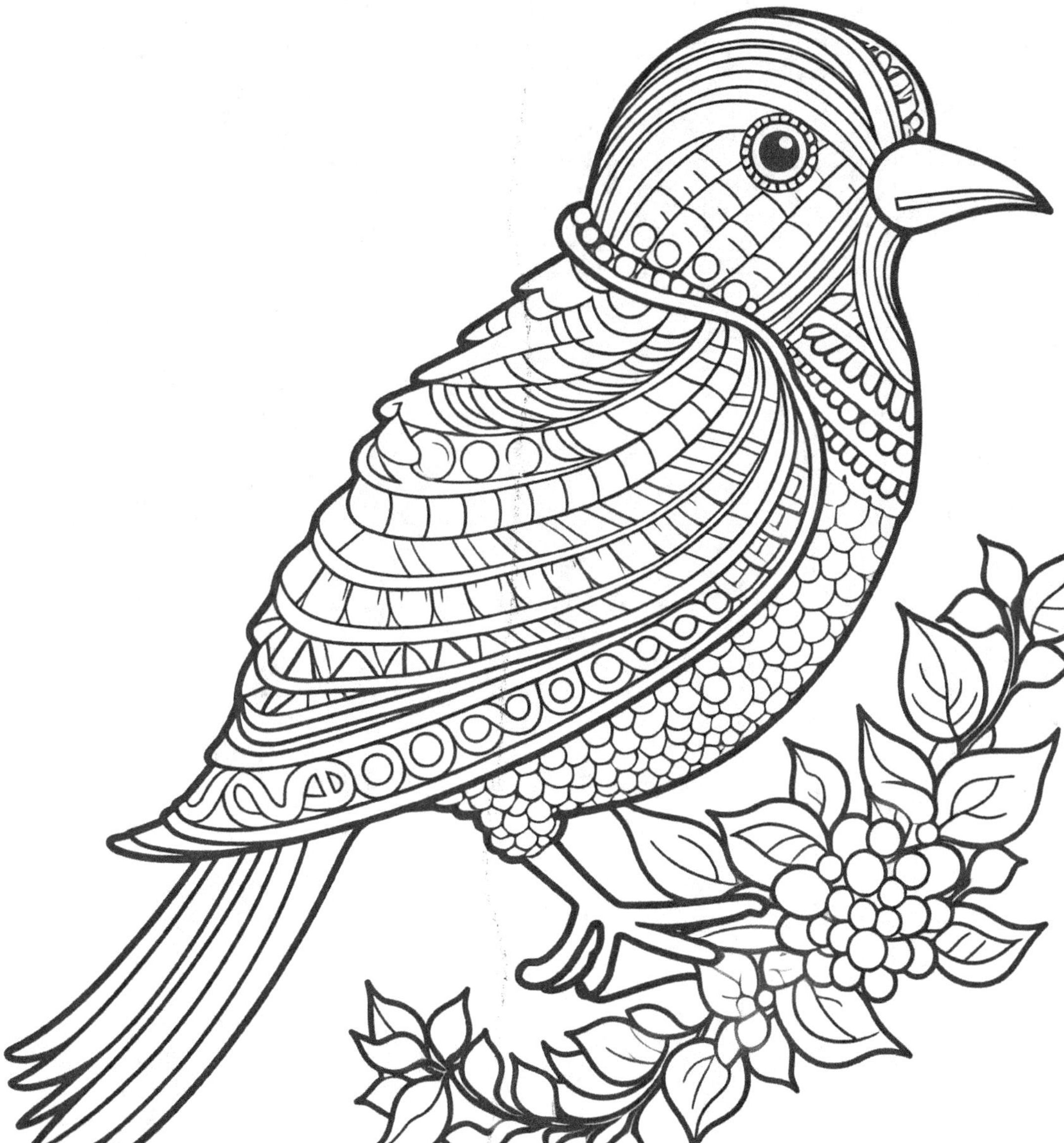

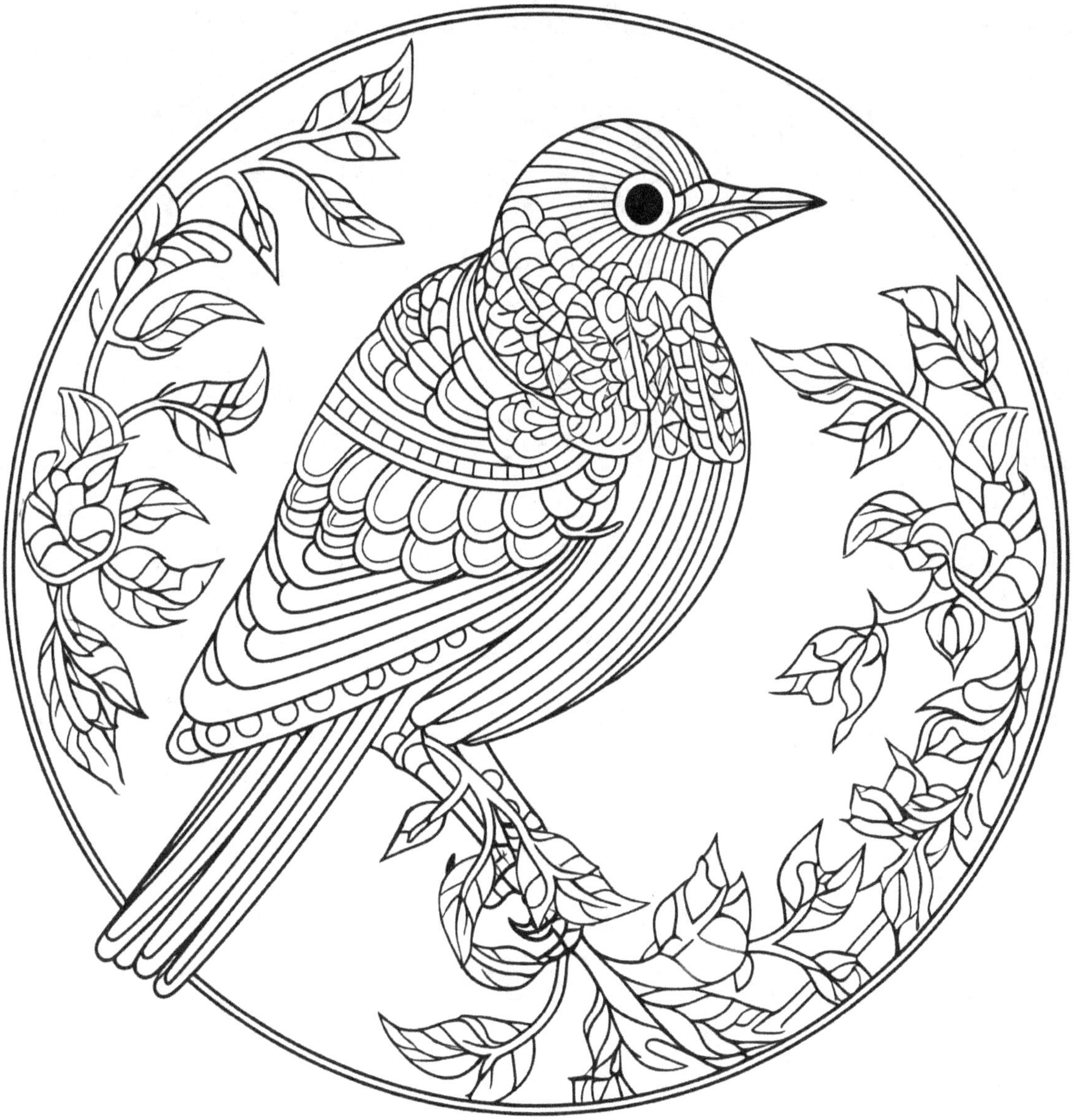

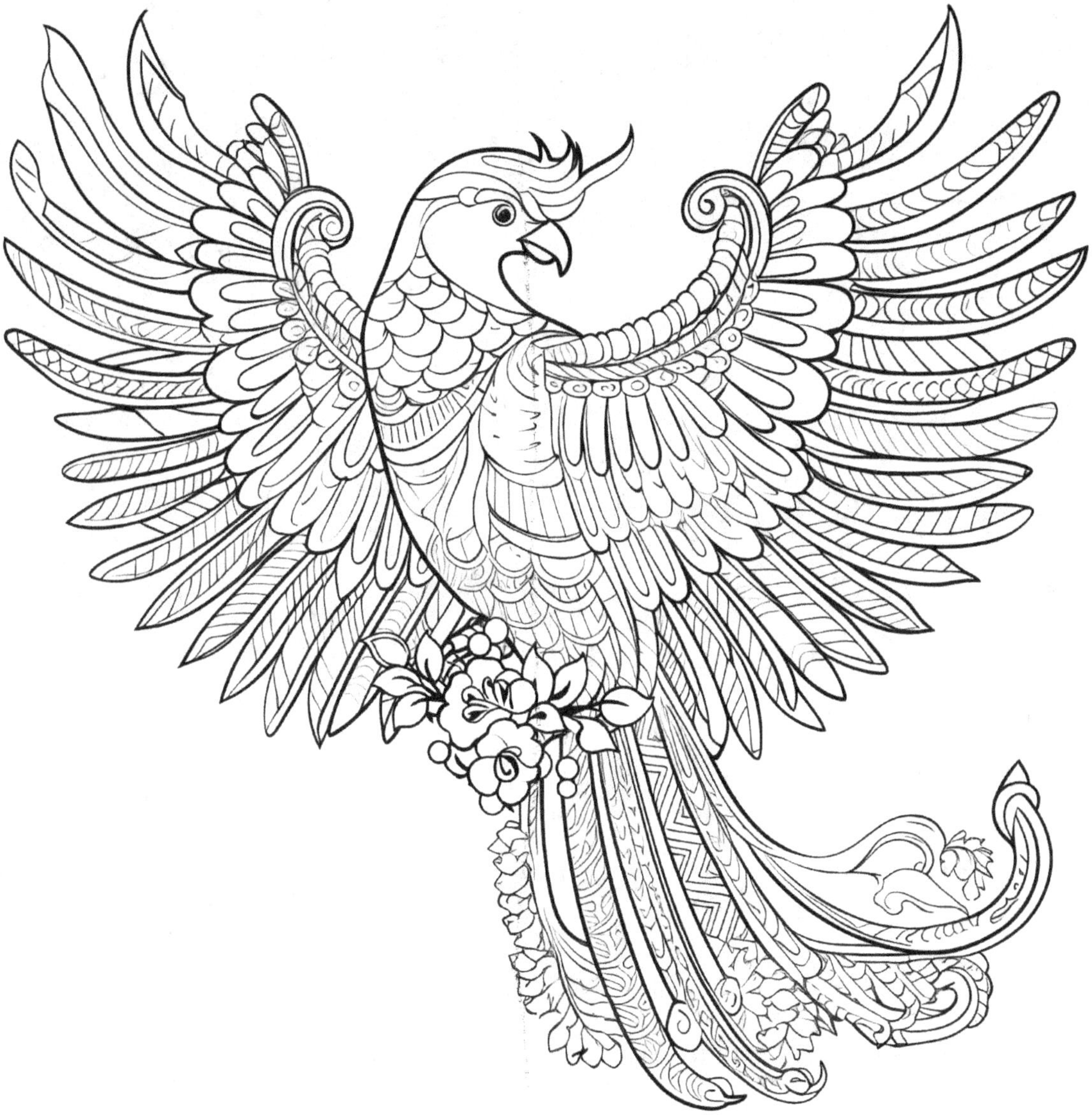

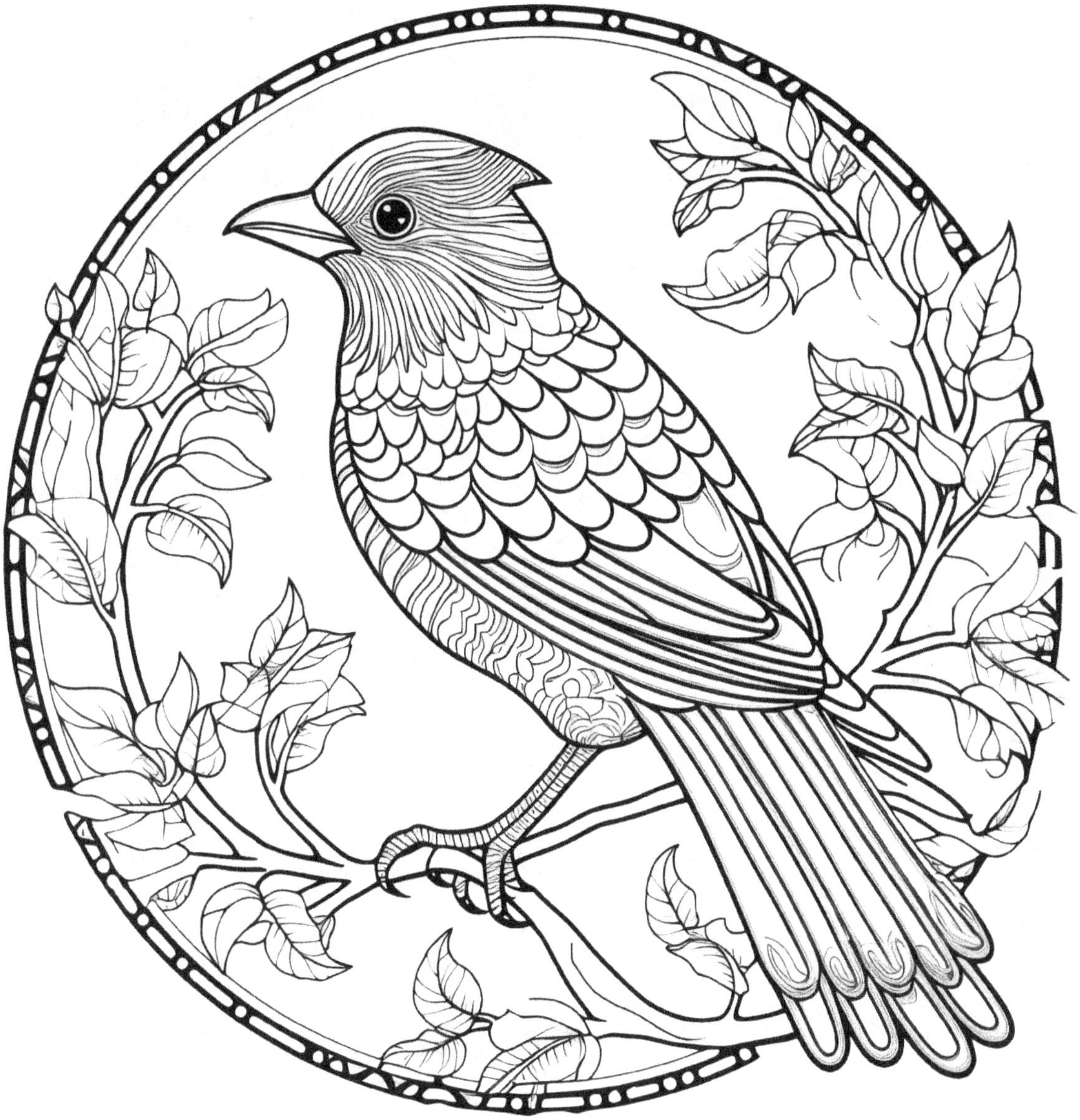

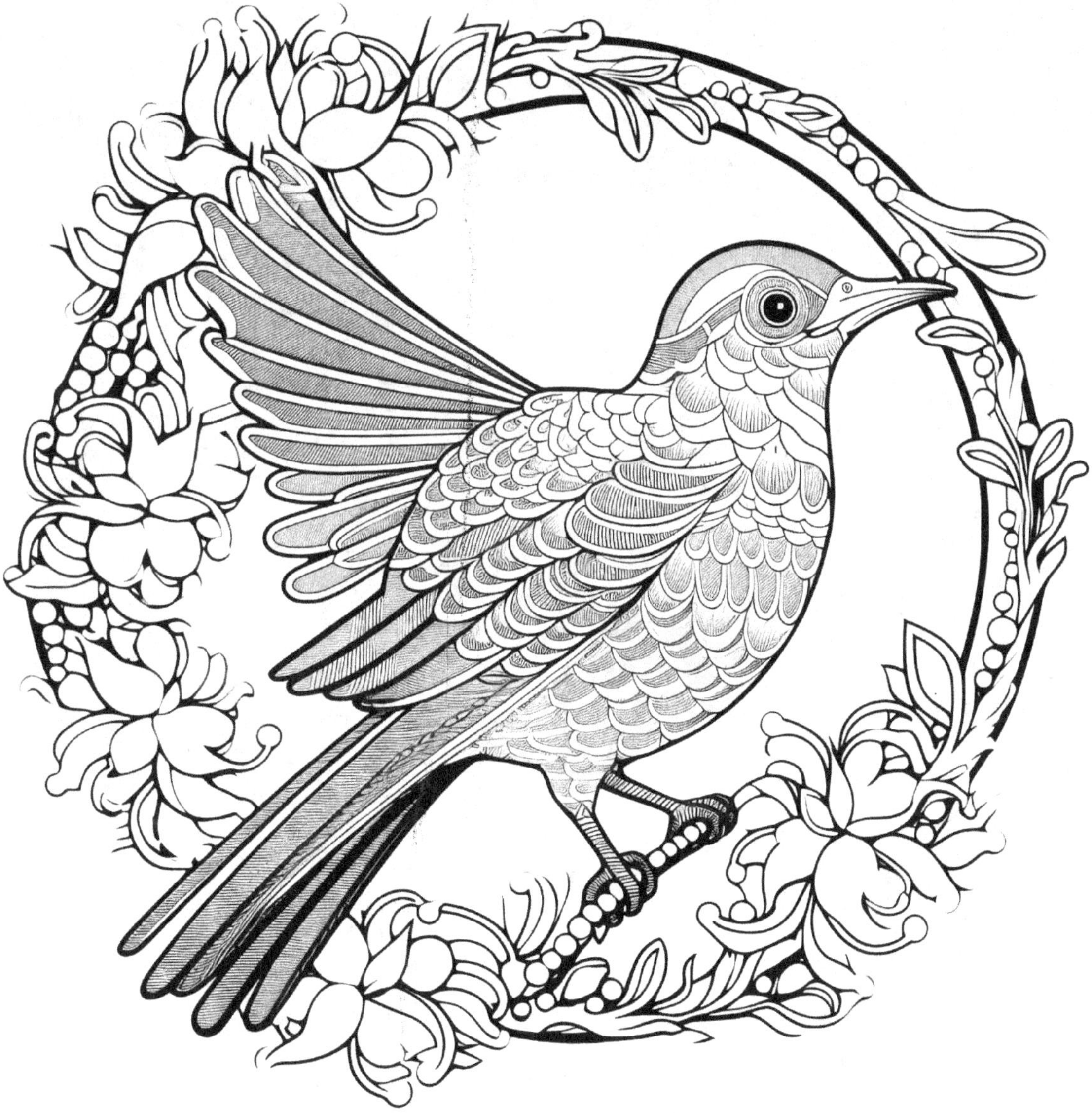

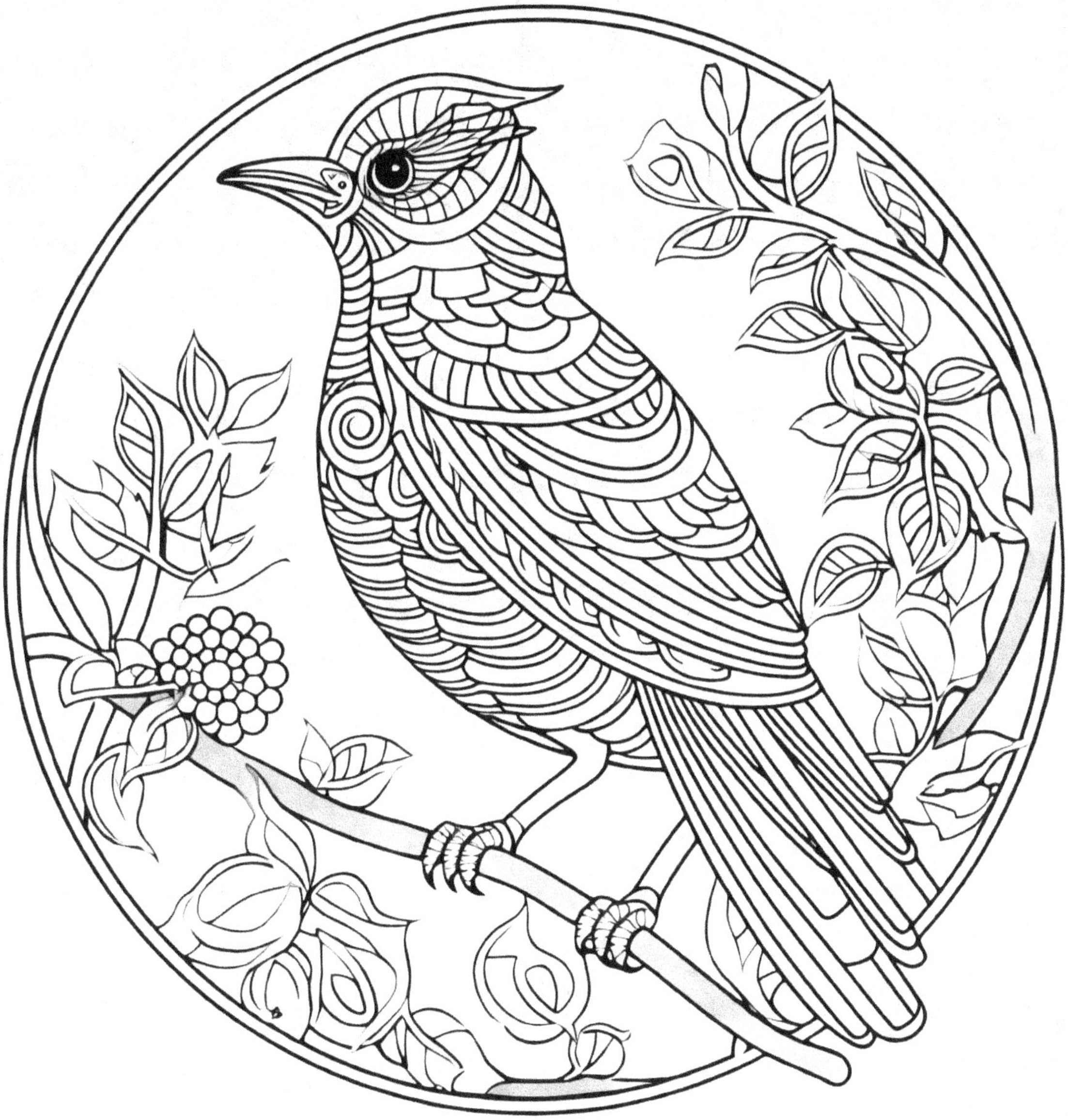

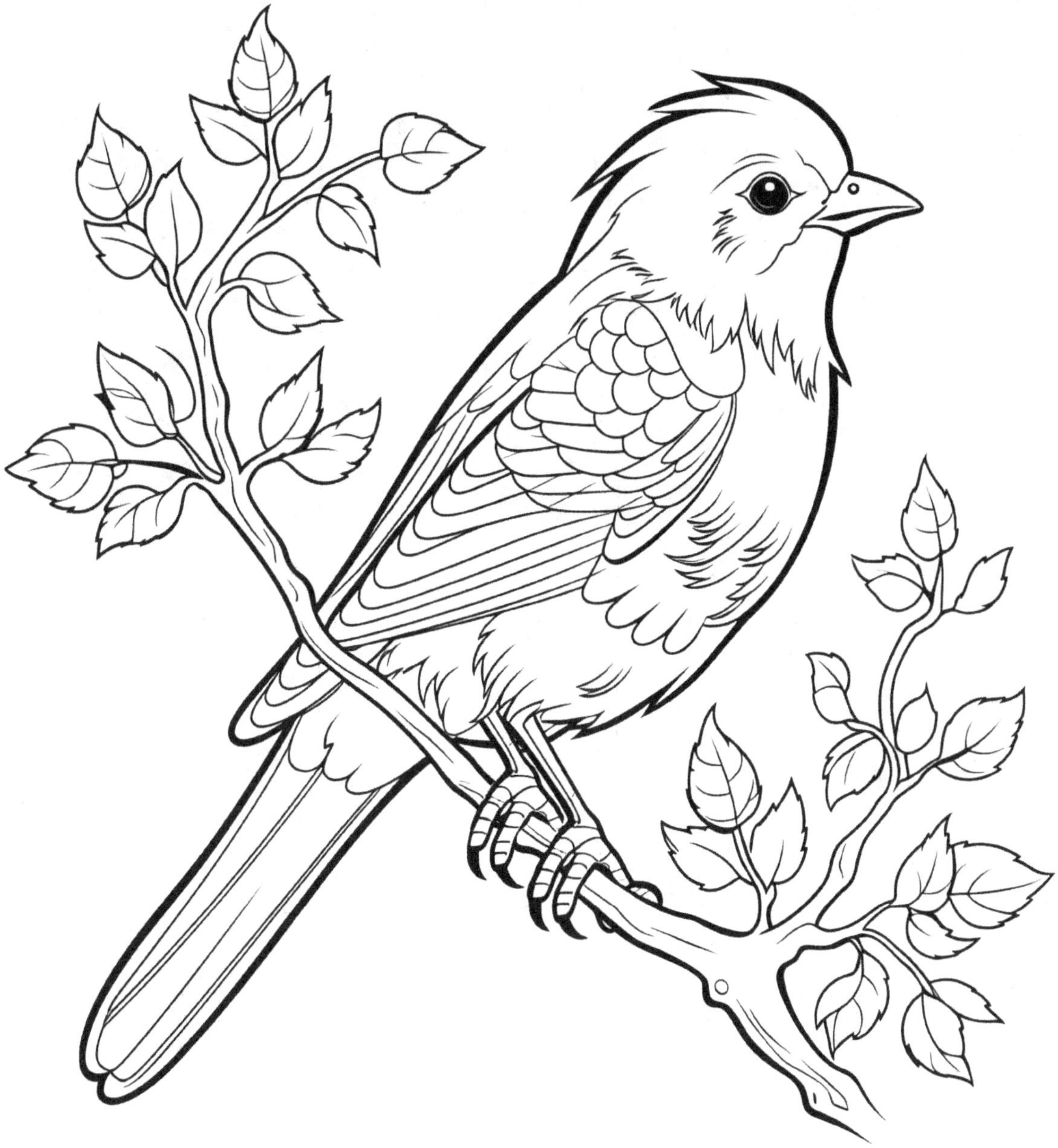

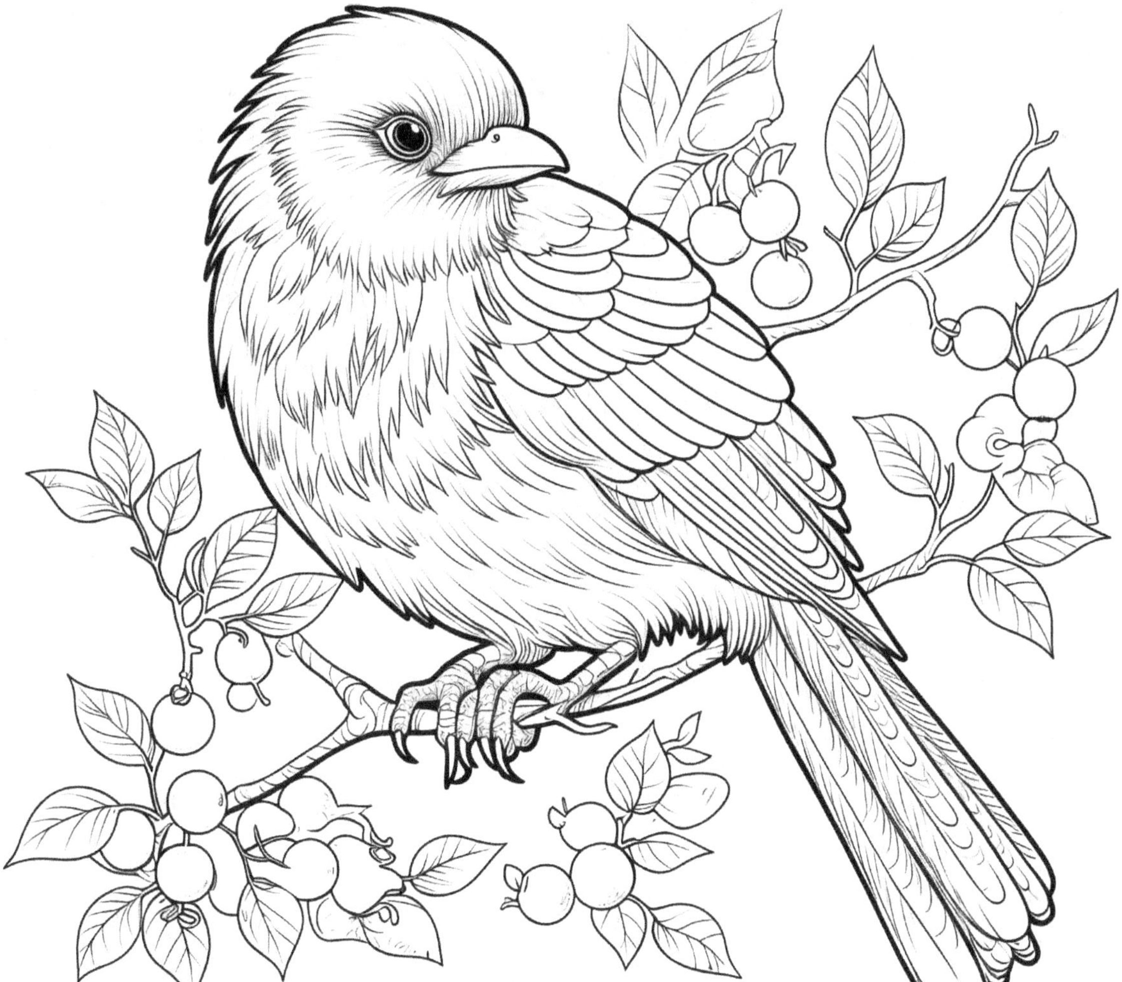

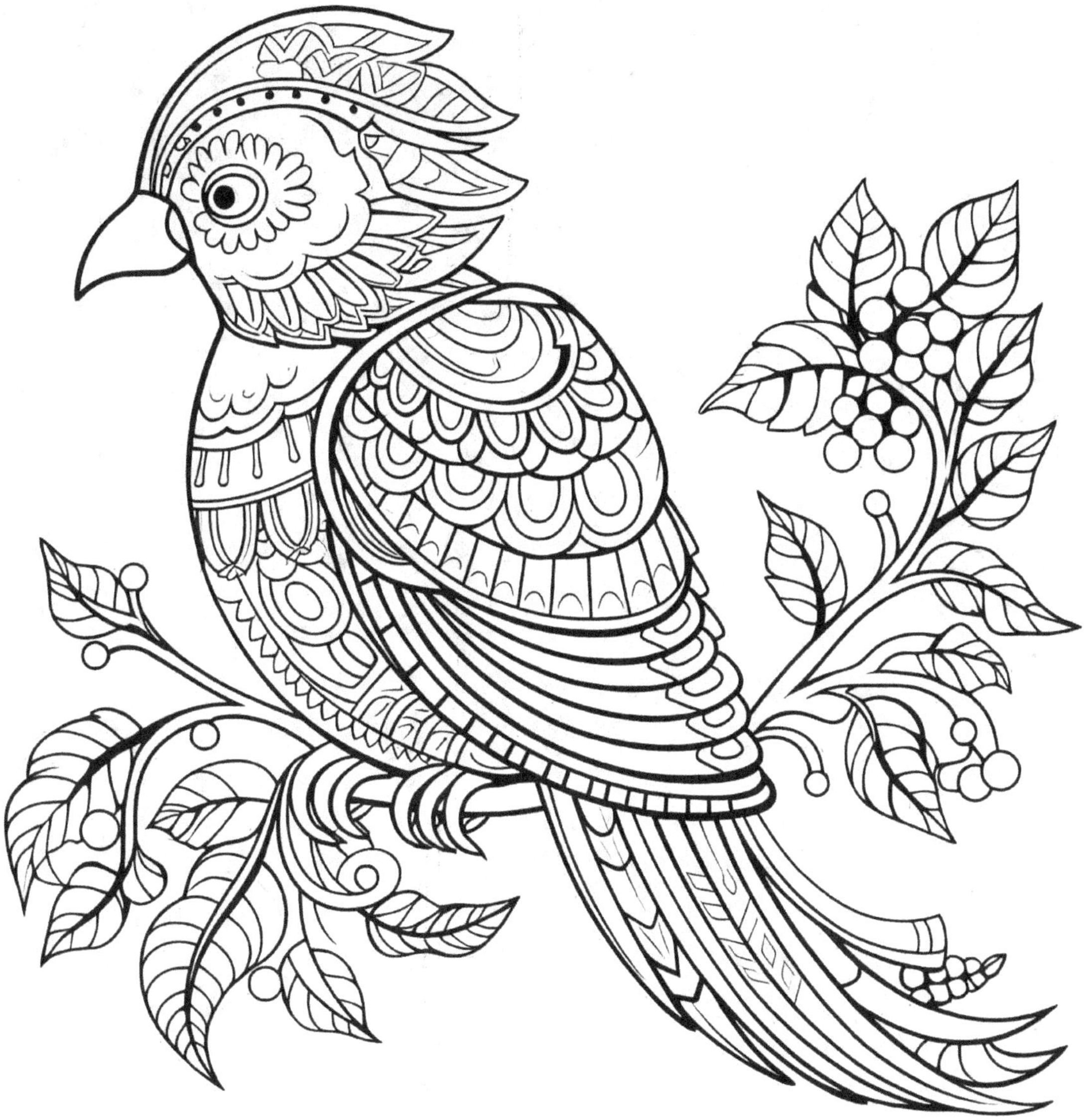

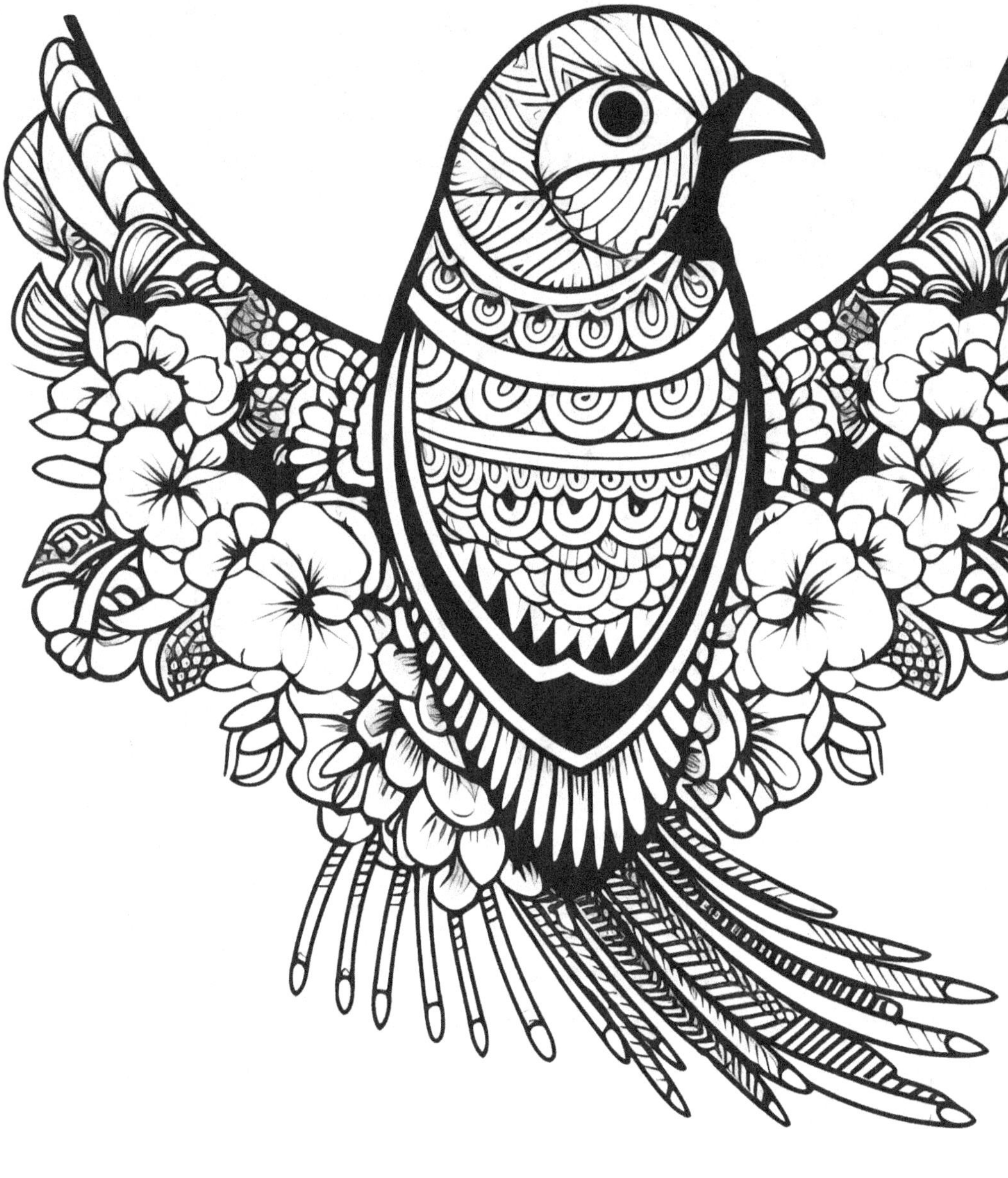

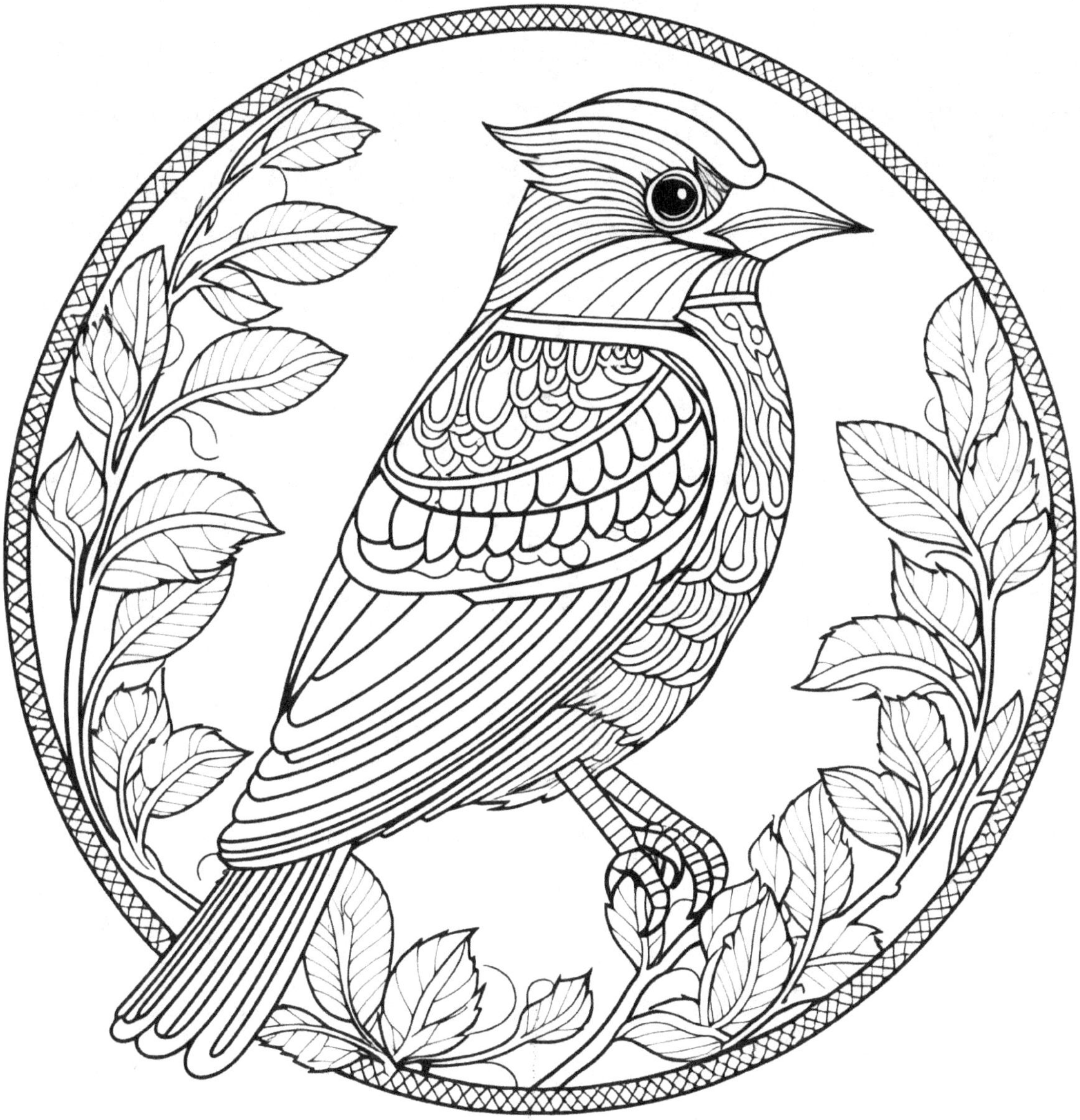

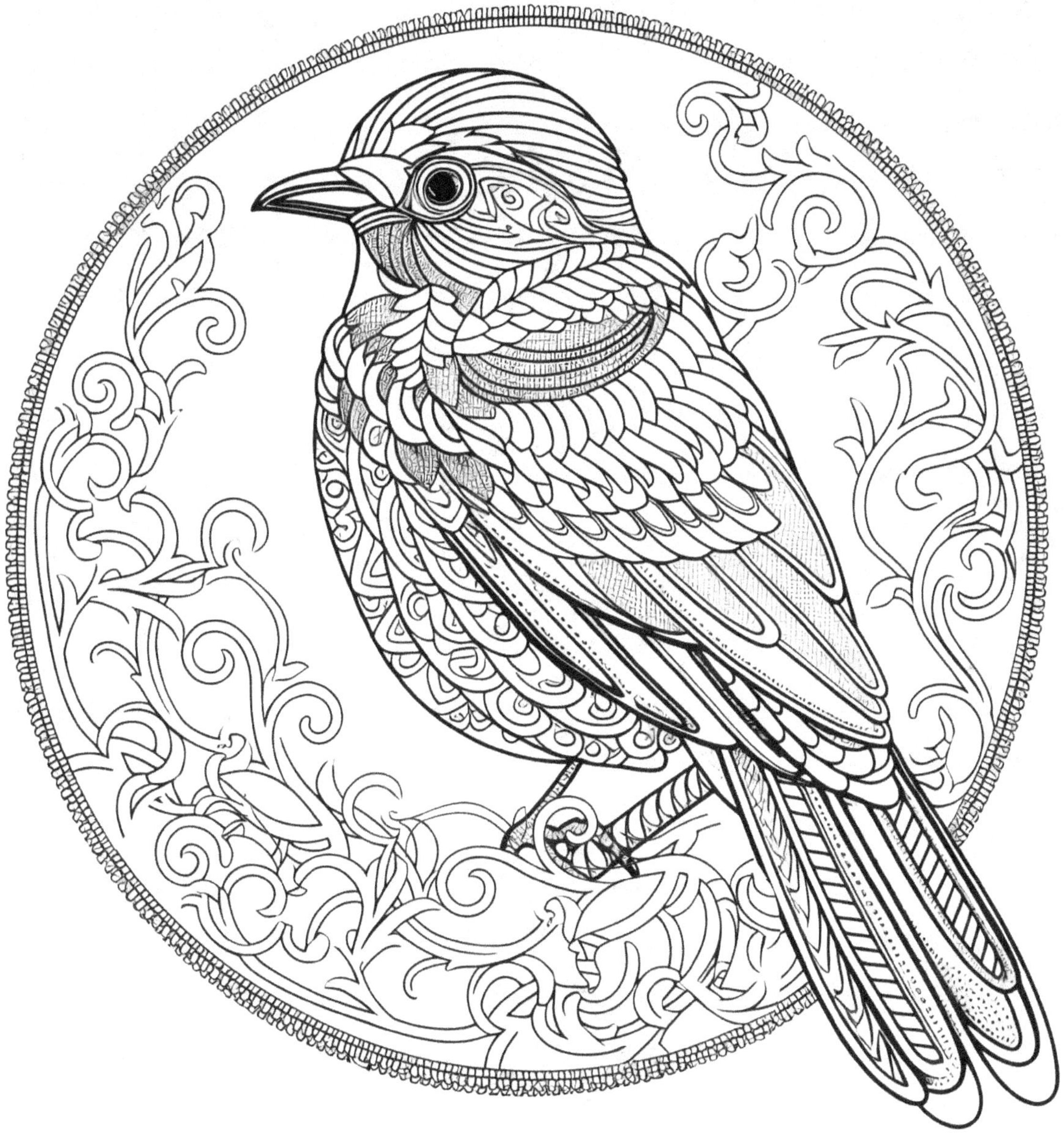

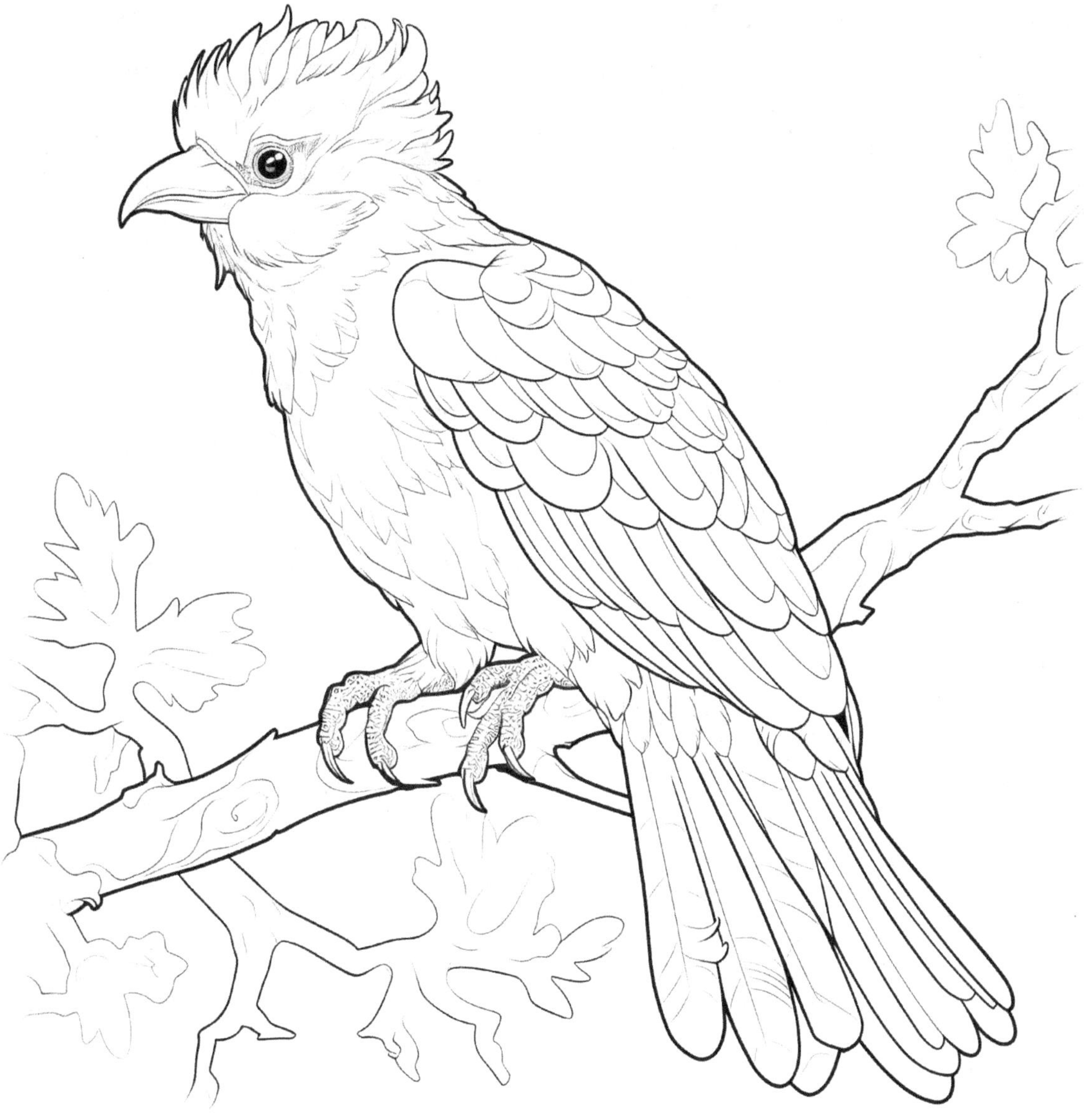

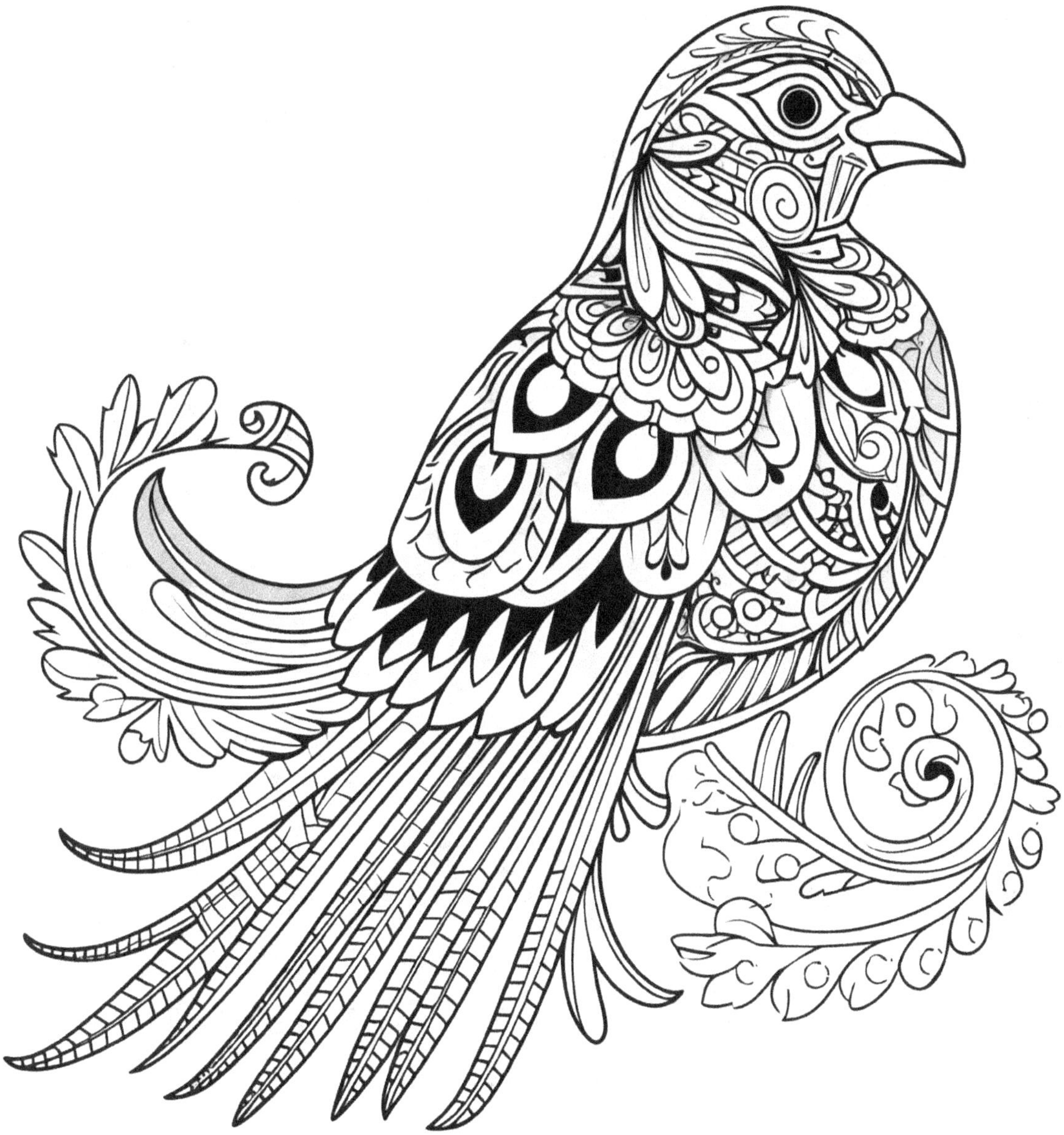

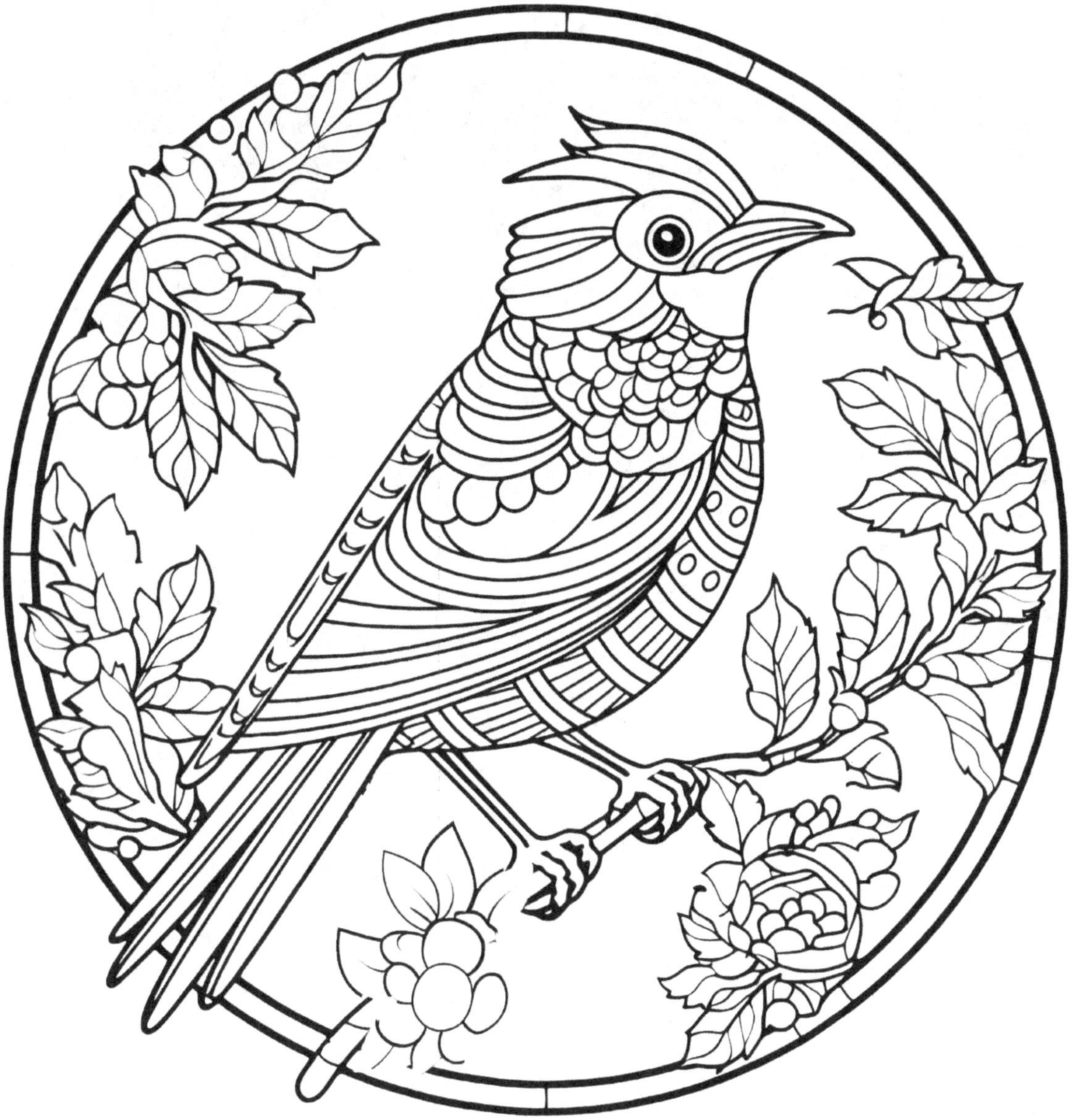

[redacted]

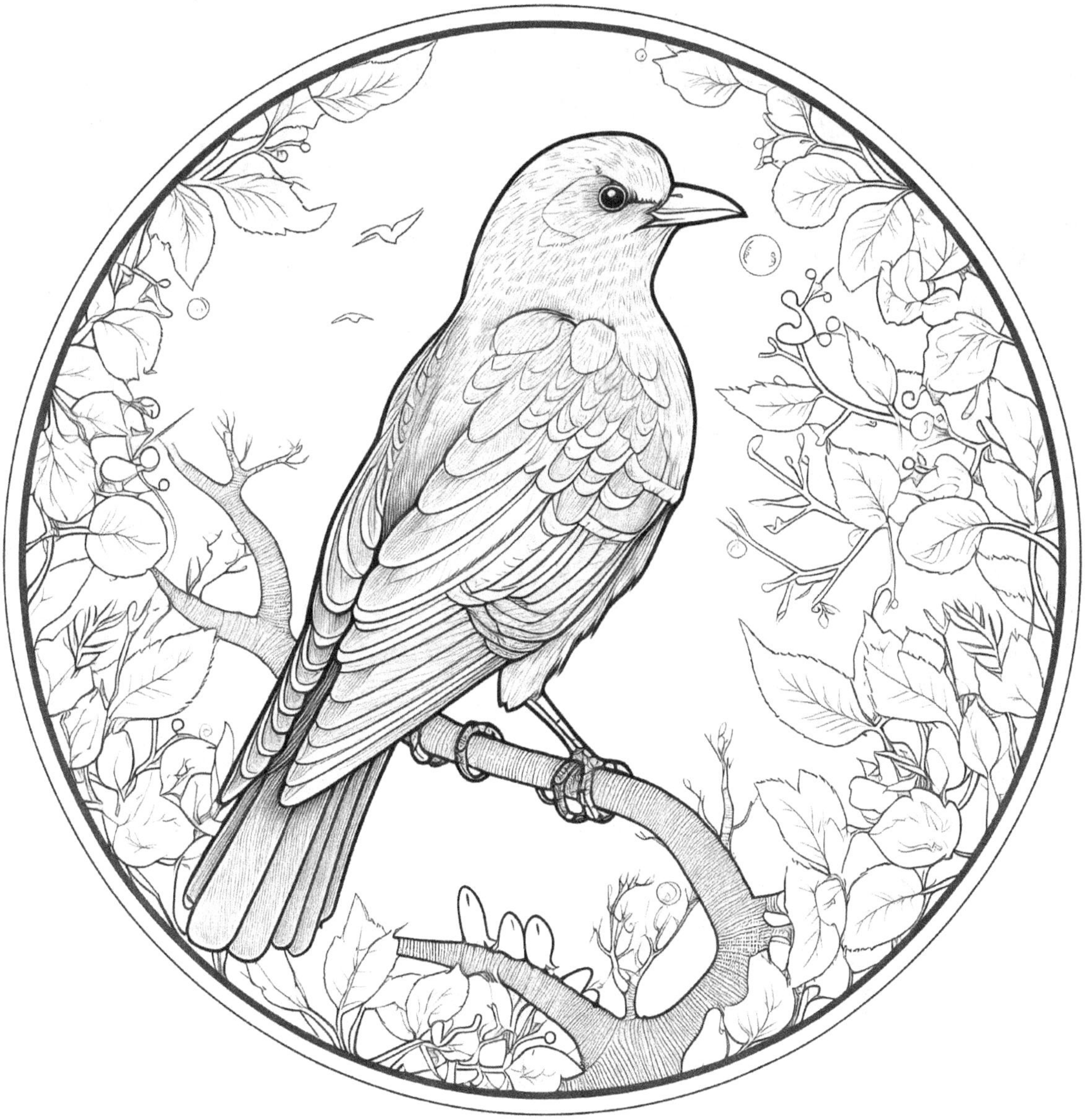

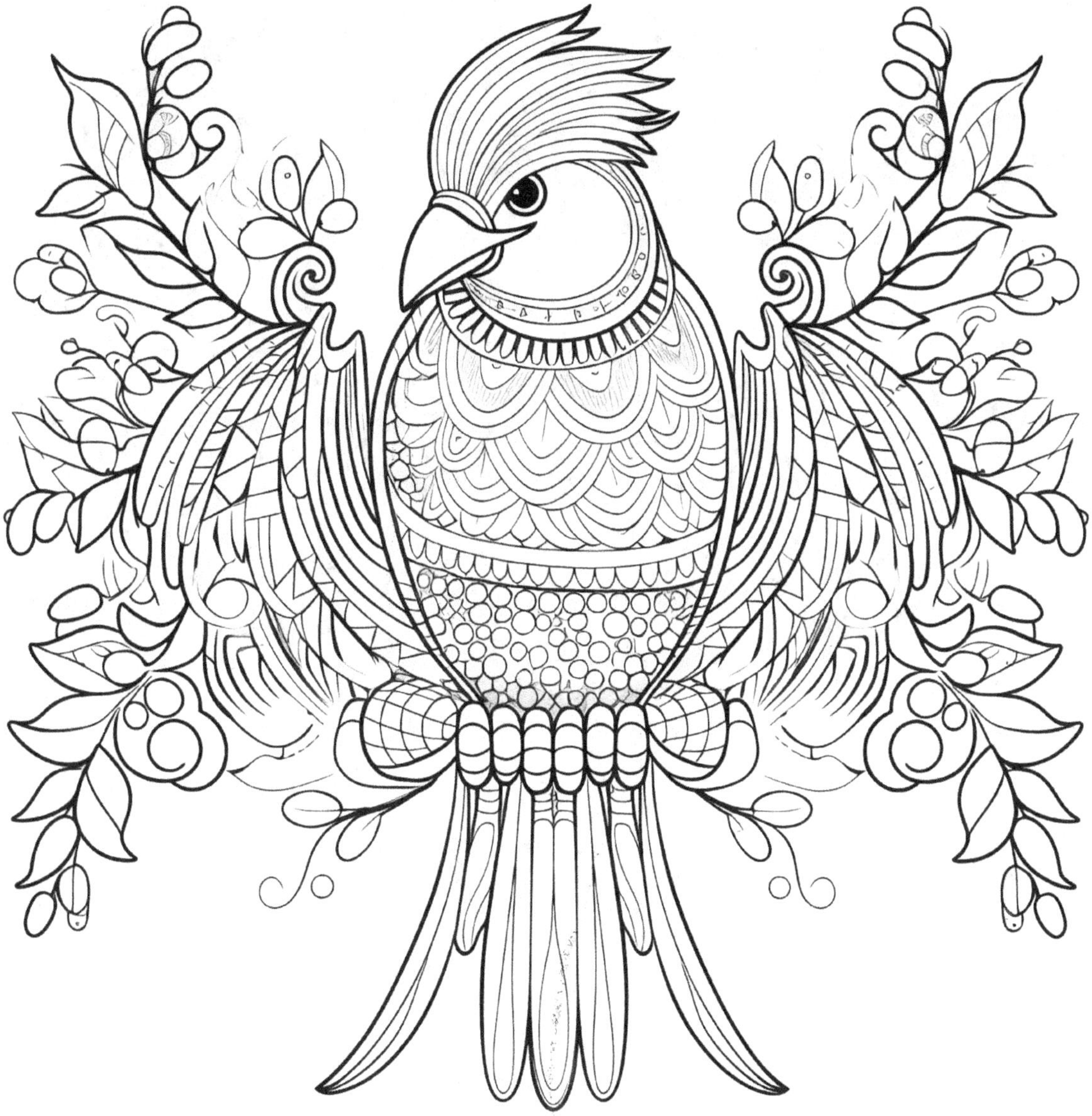

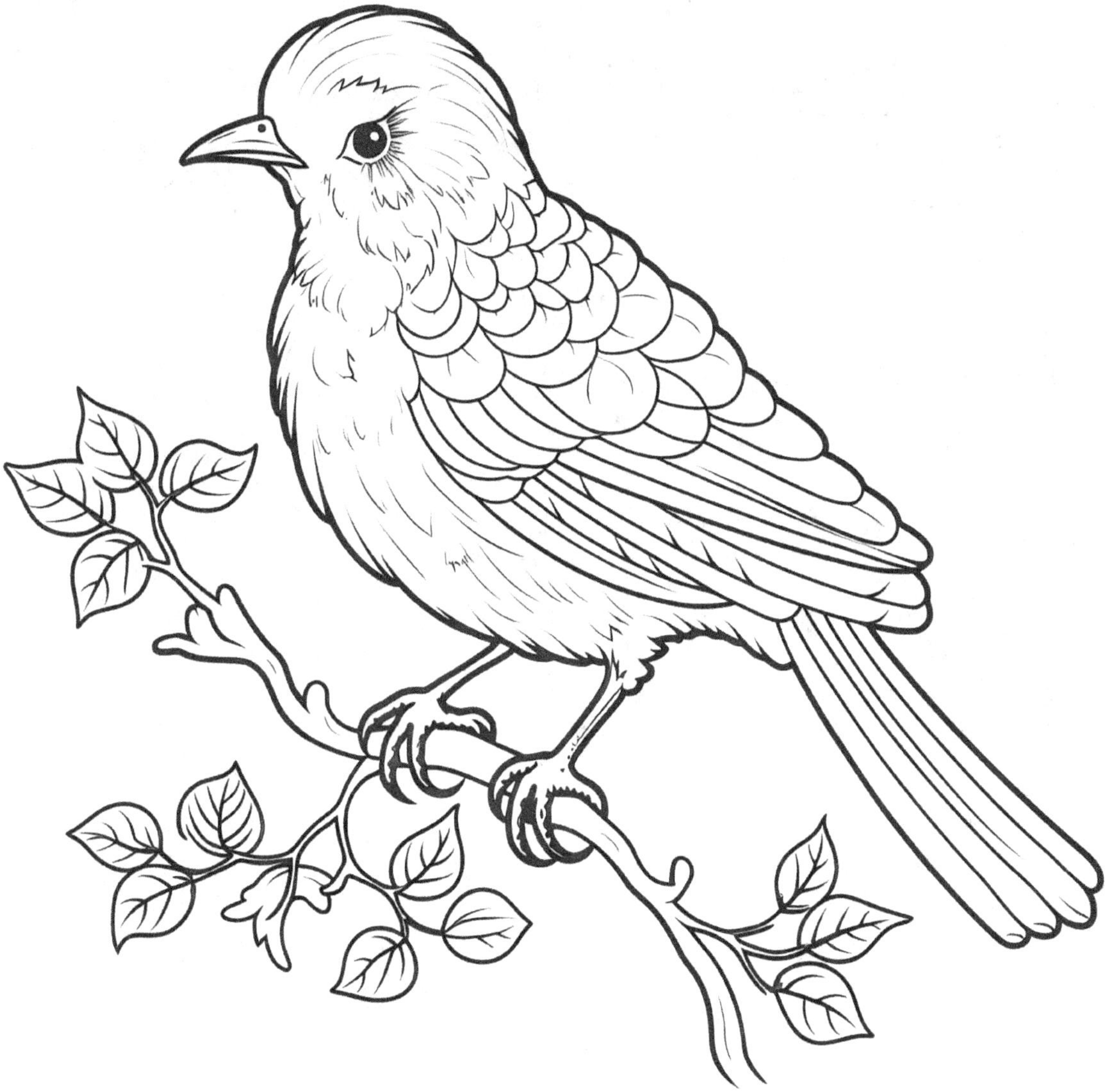

[redacted]

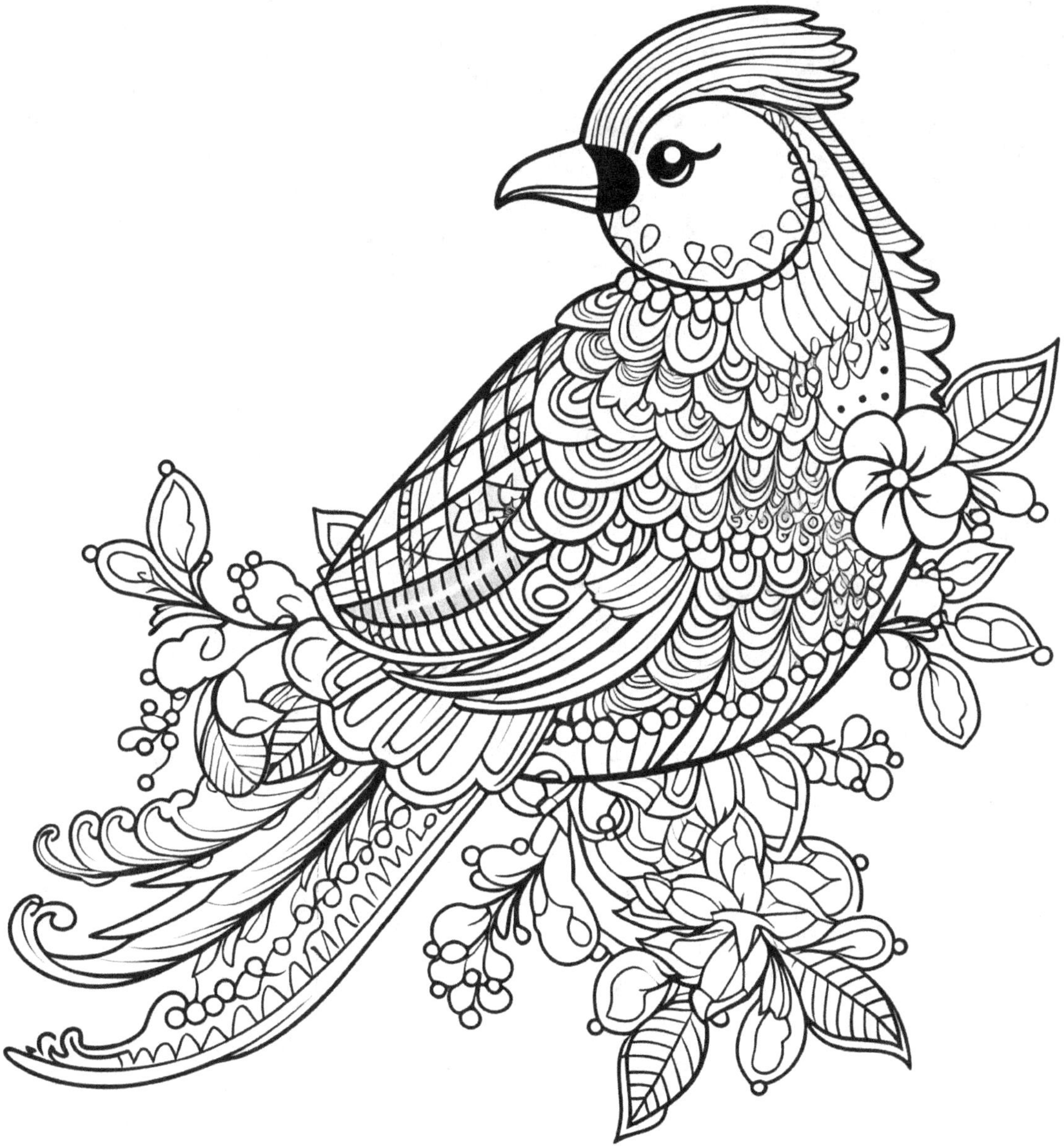

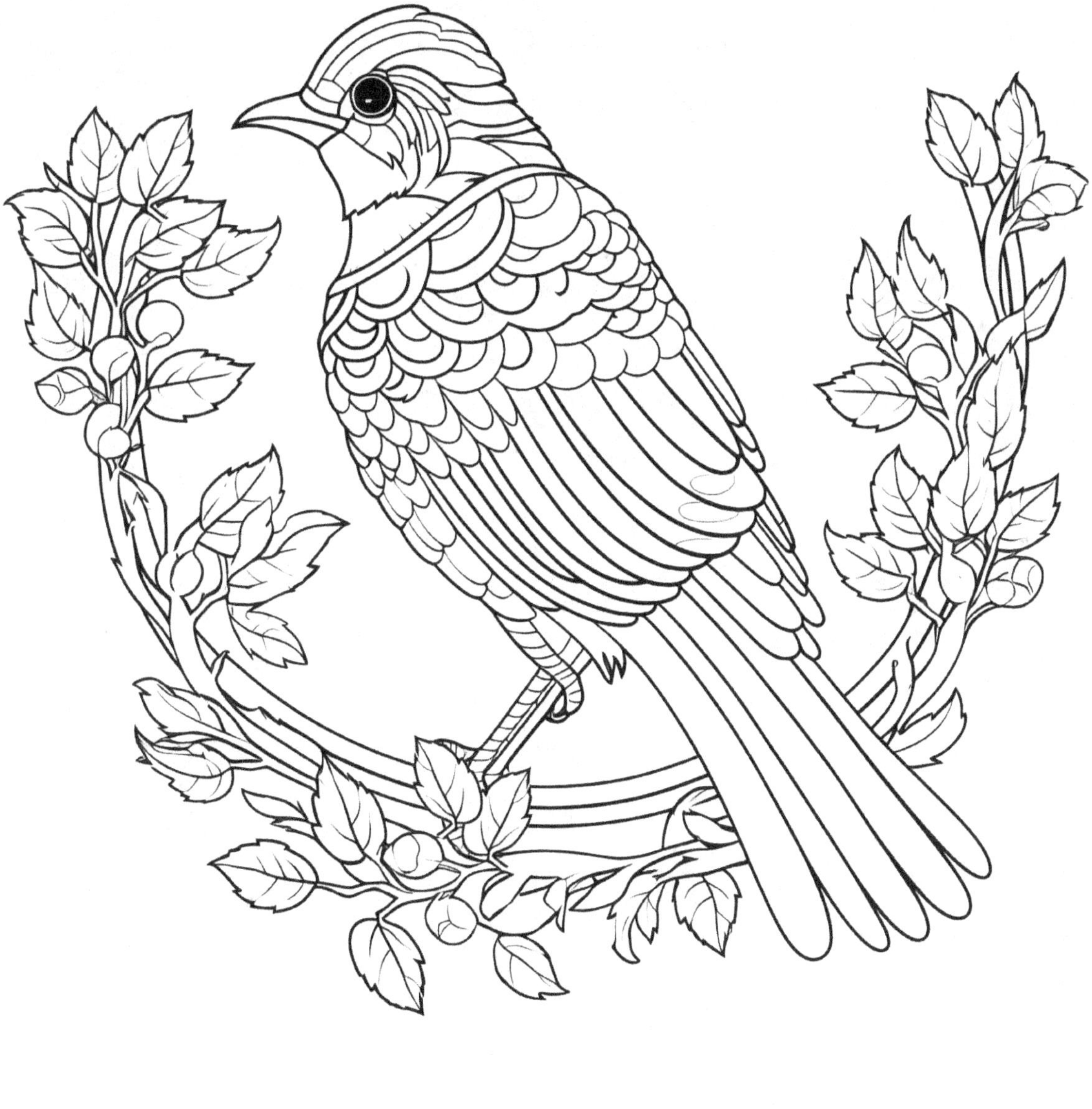

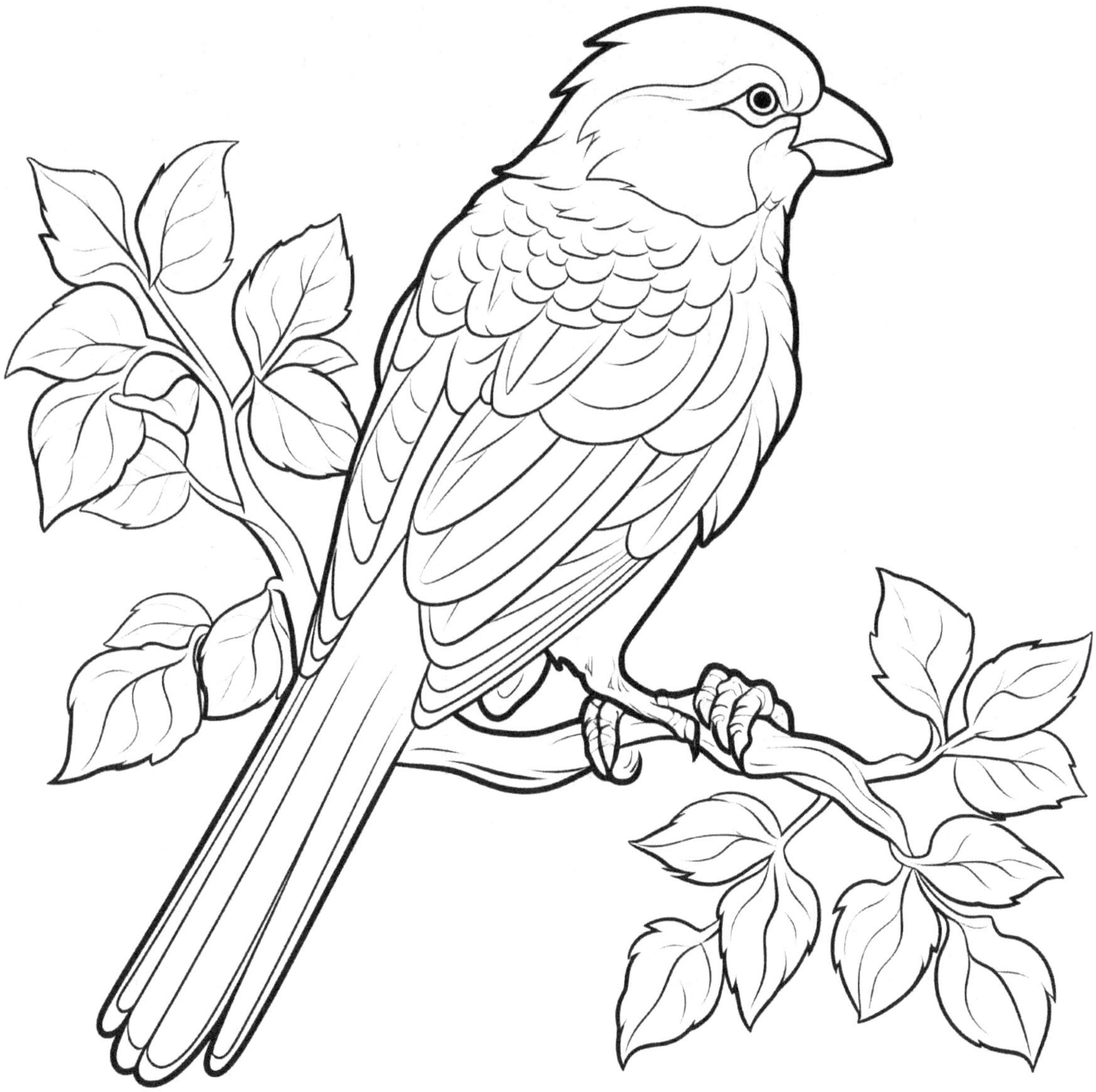

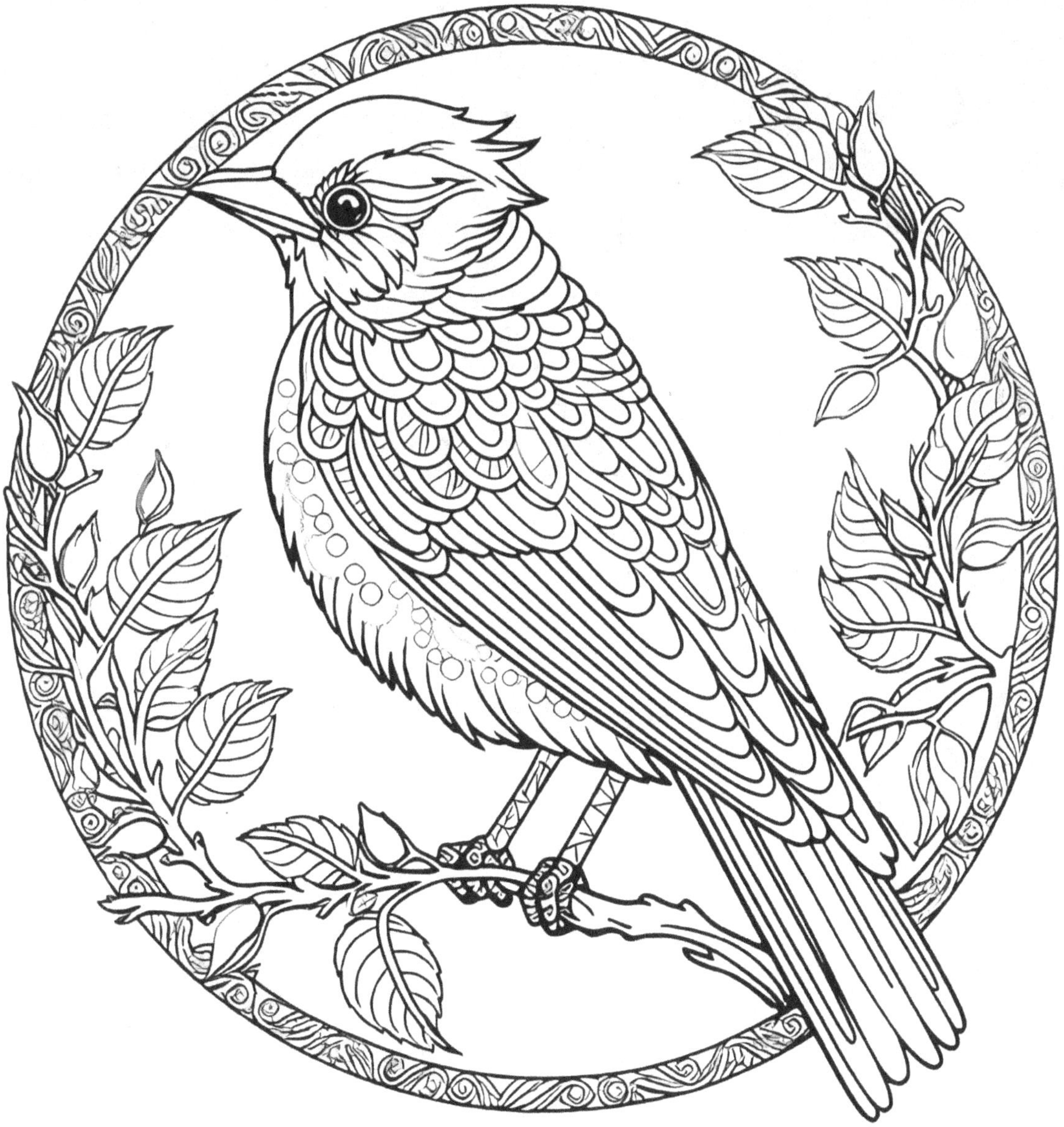

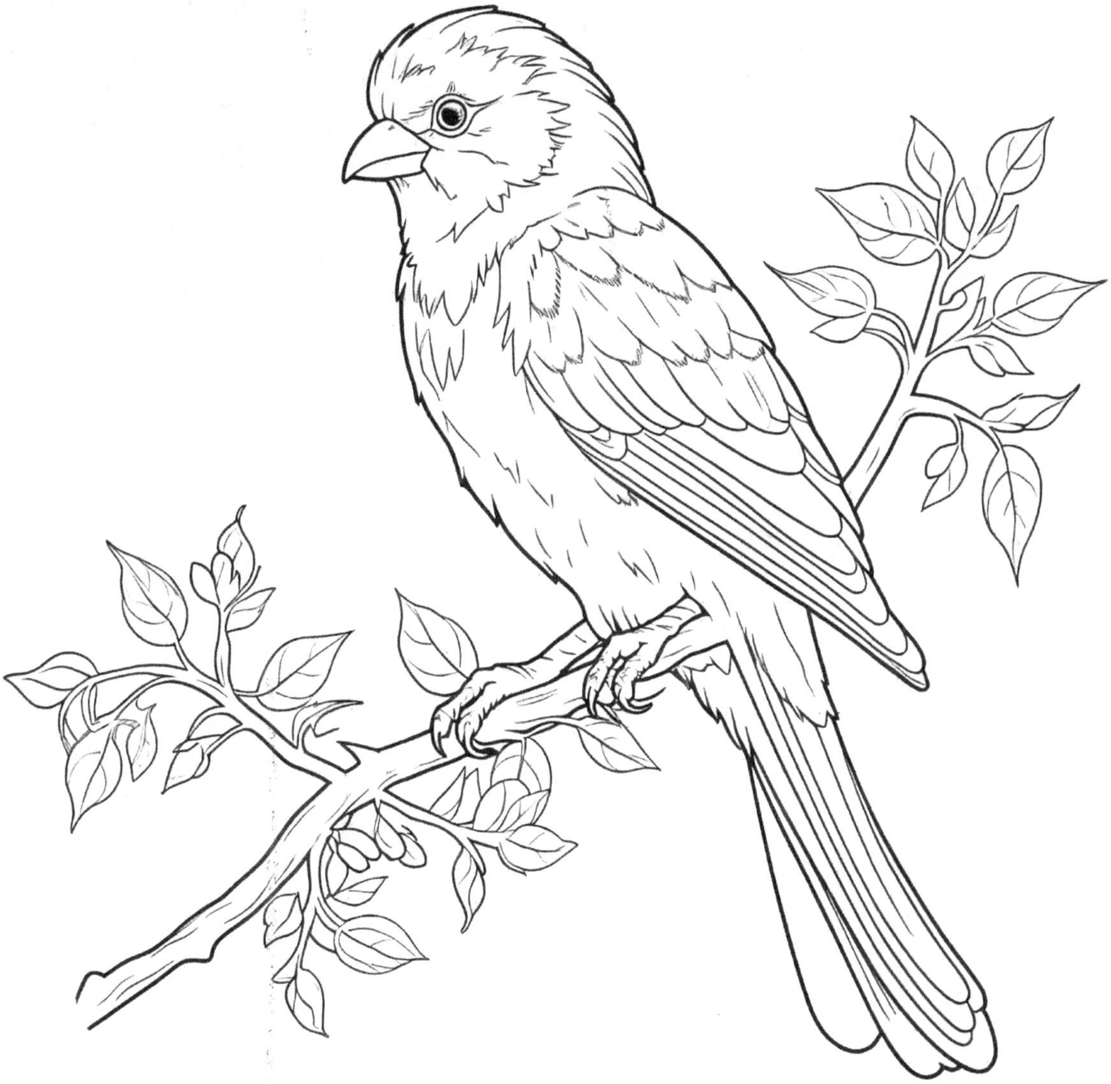

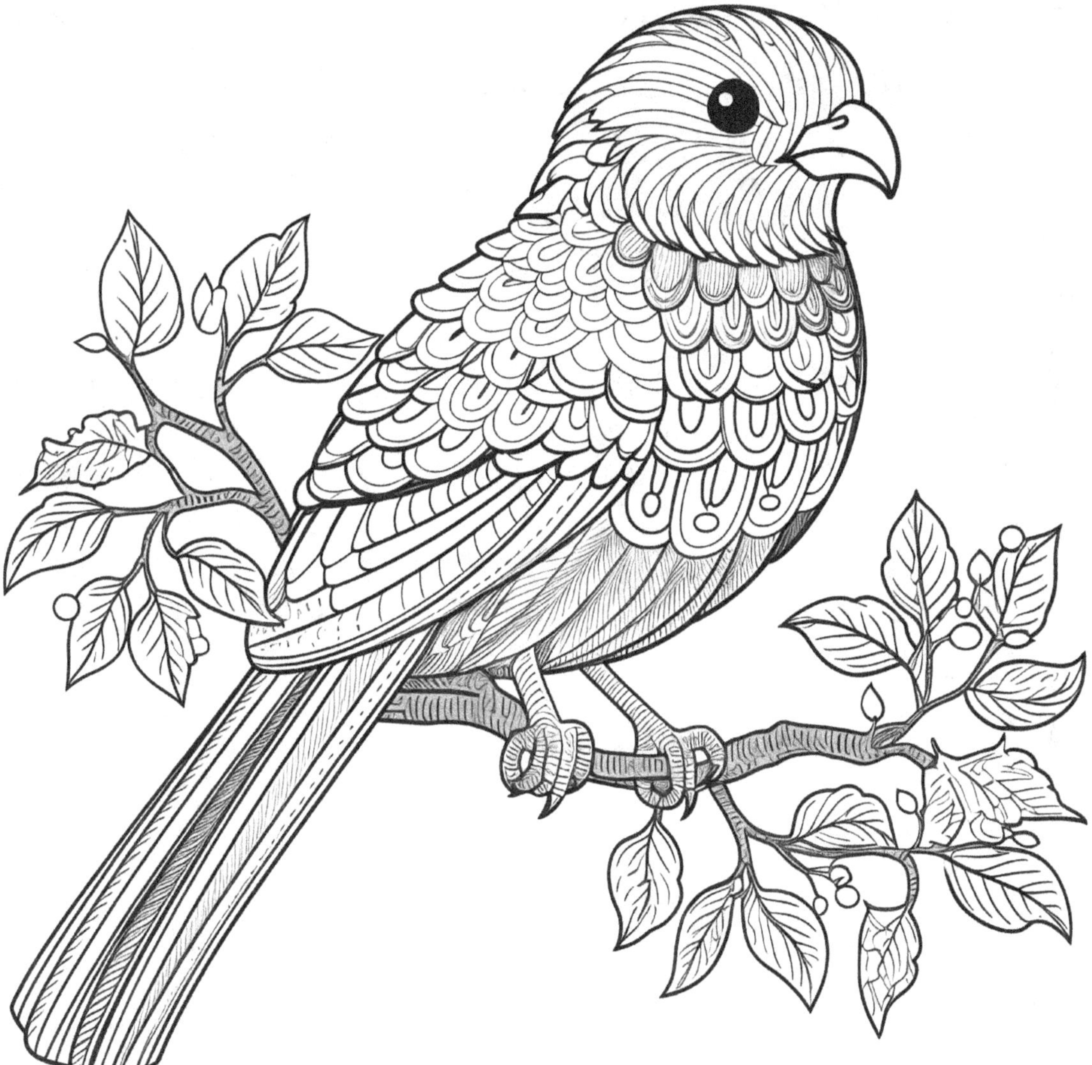

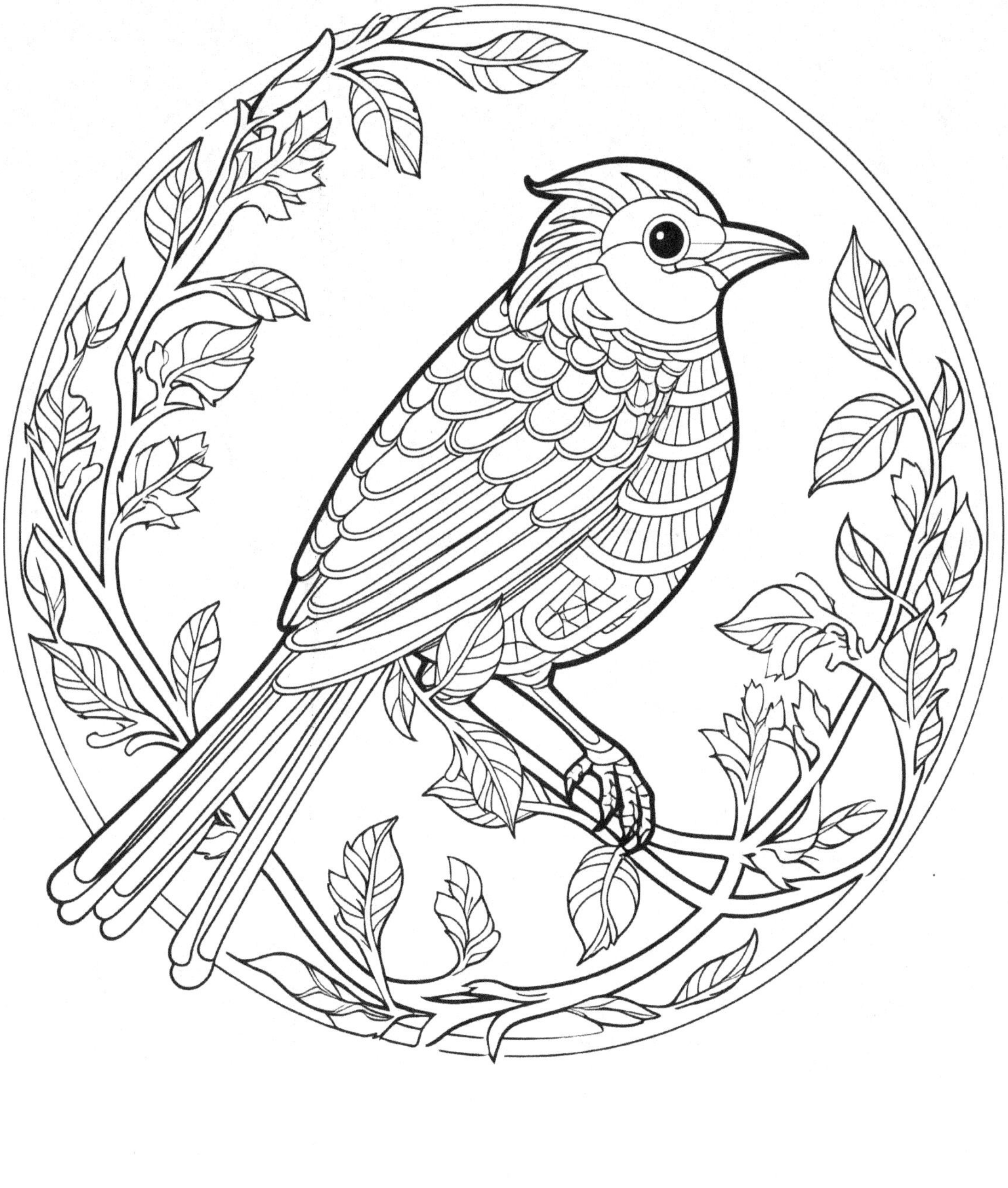

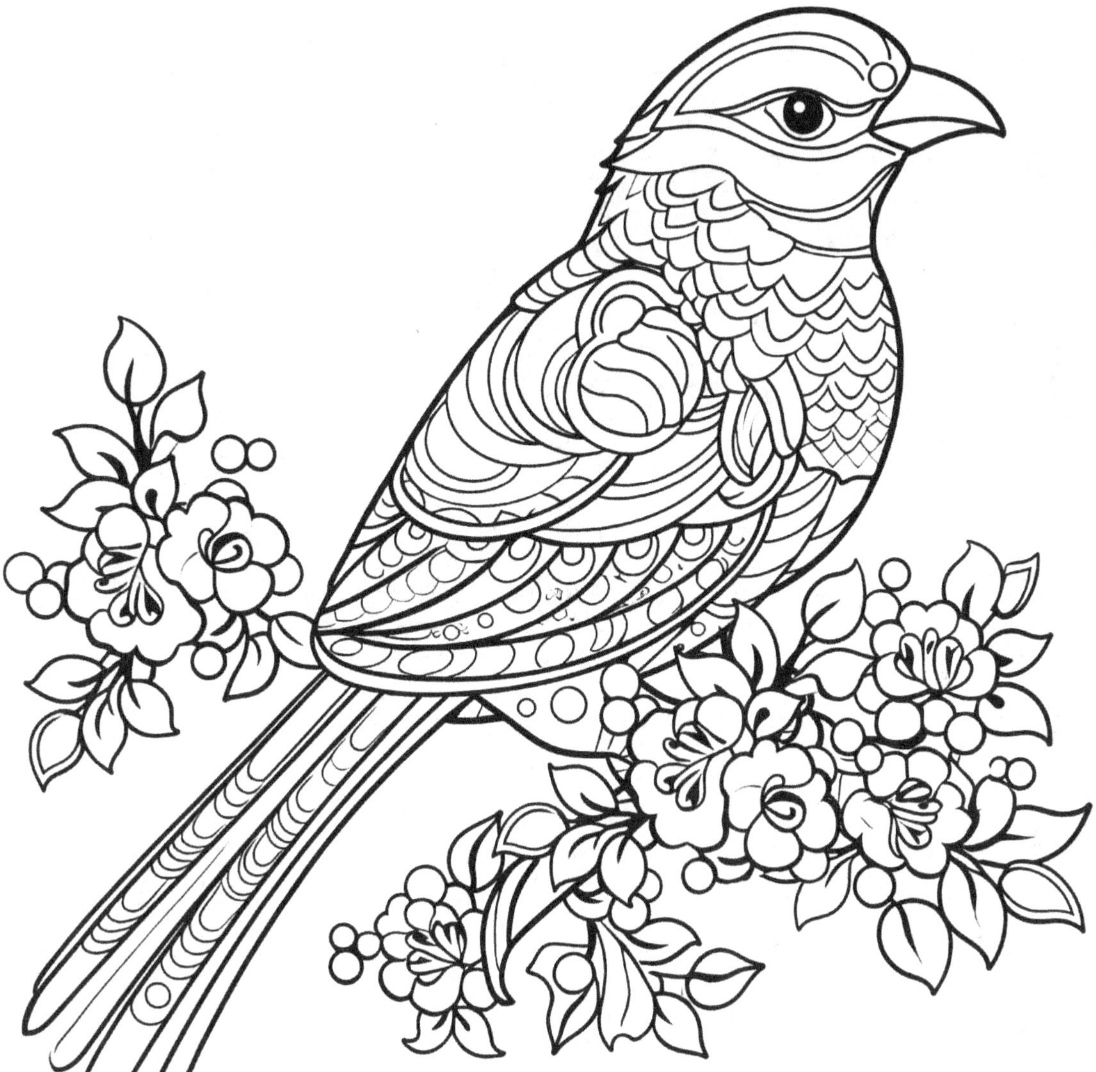

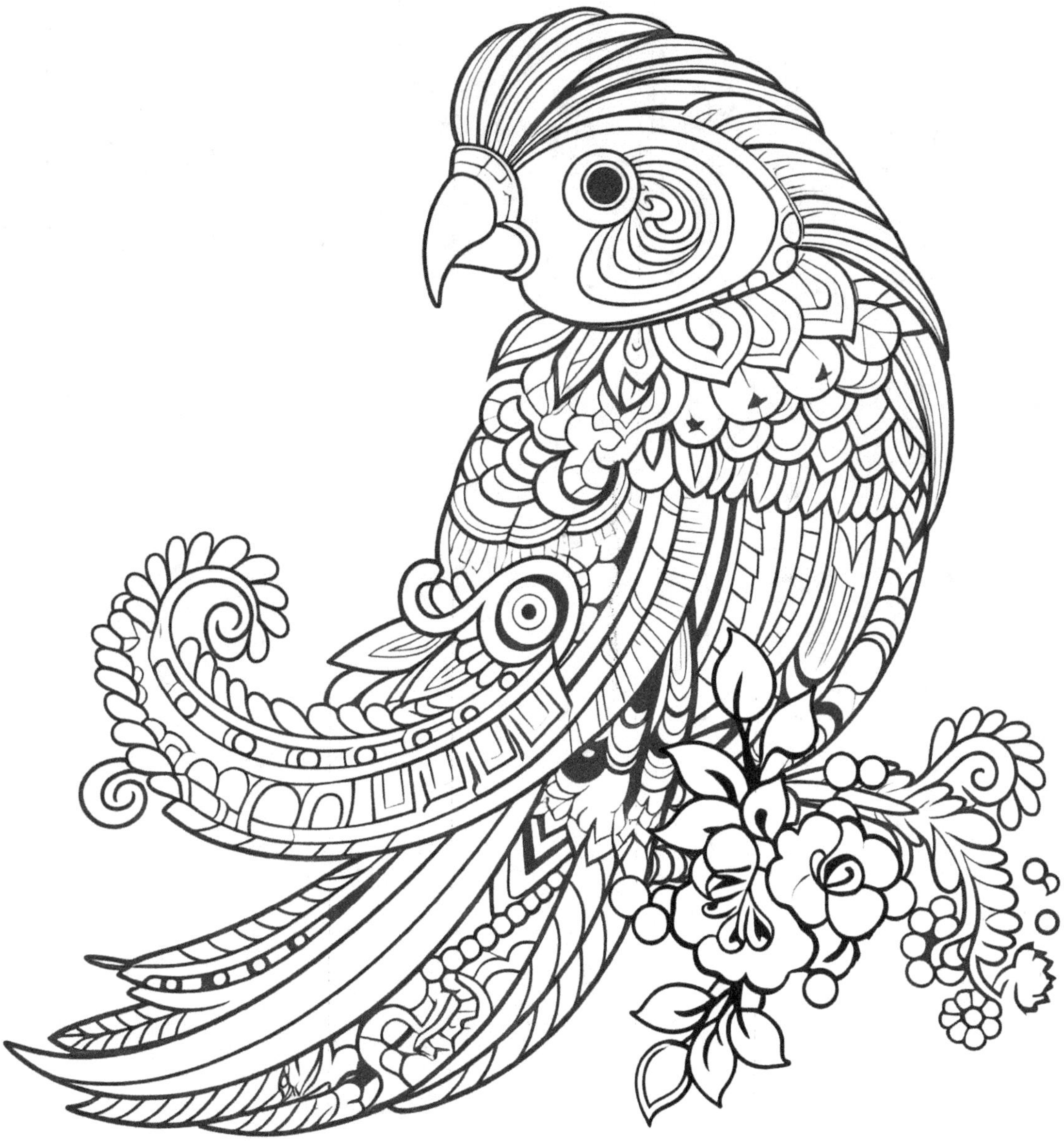

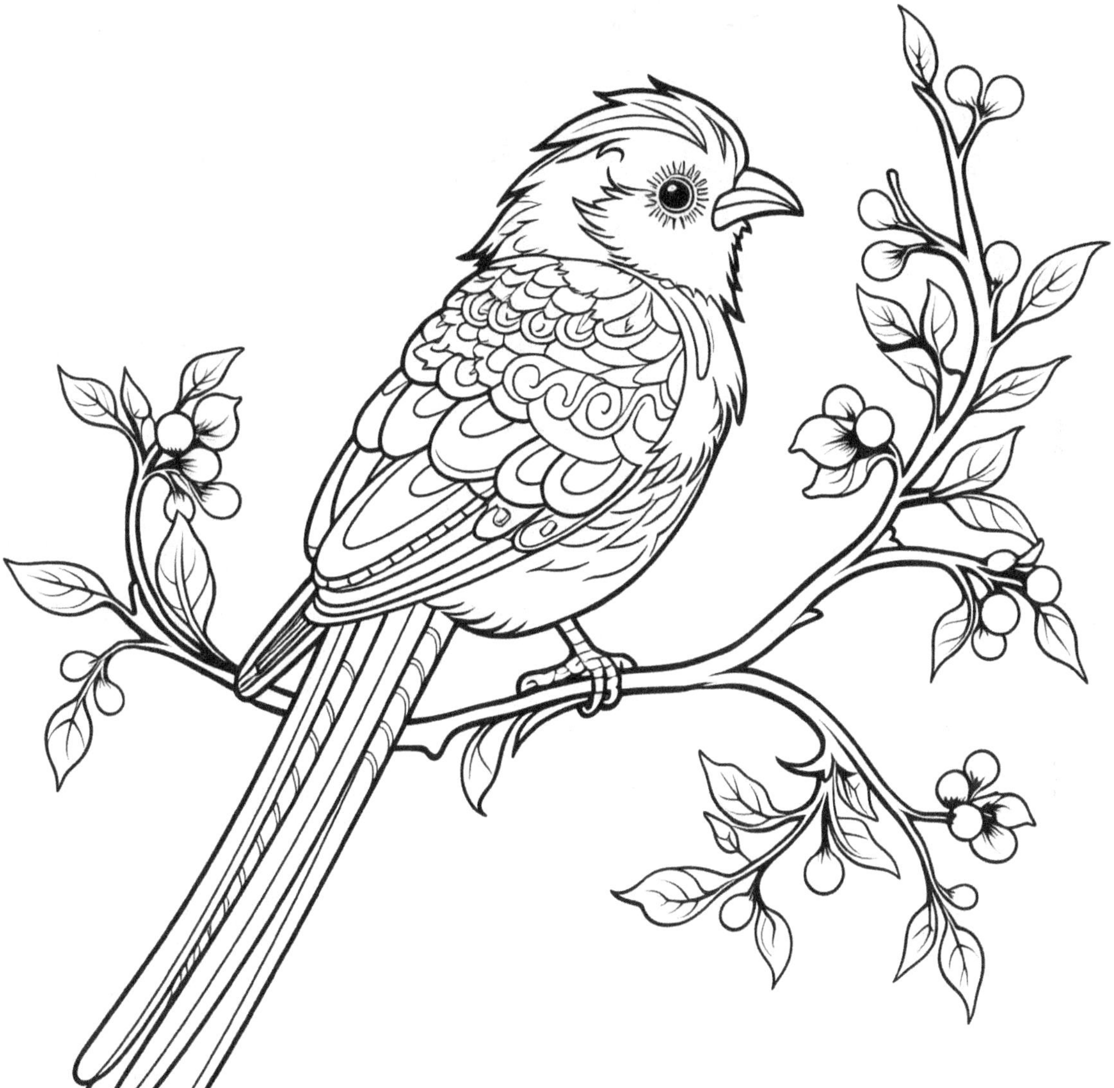

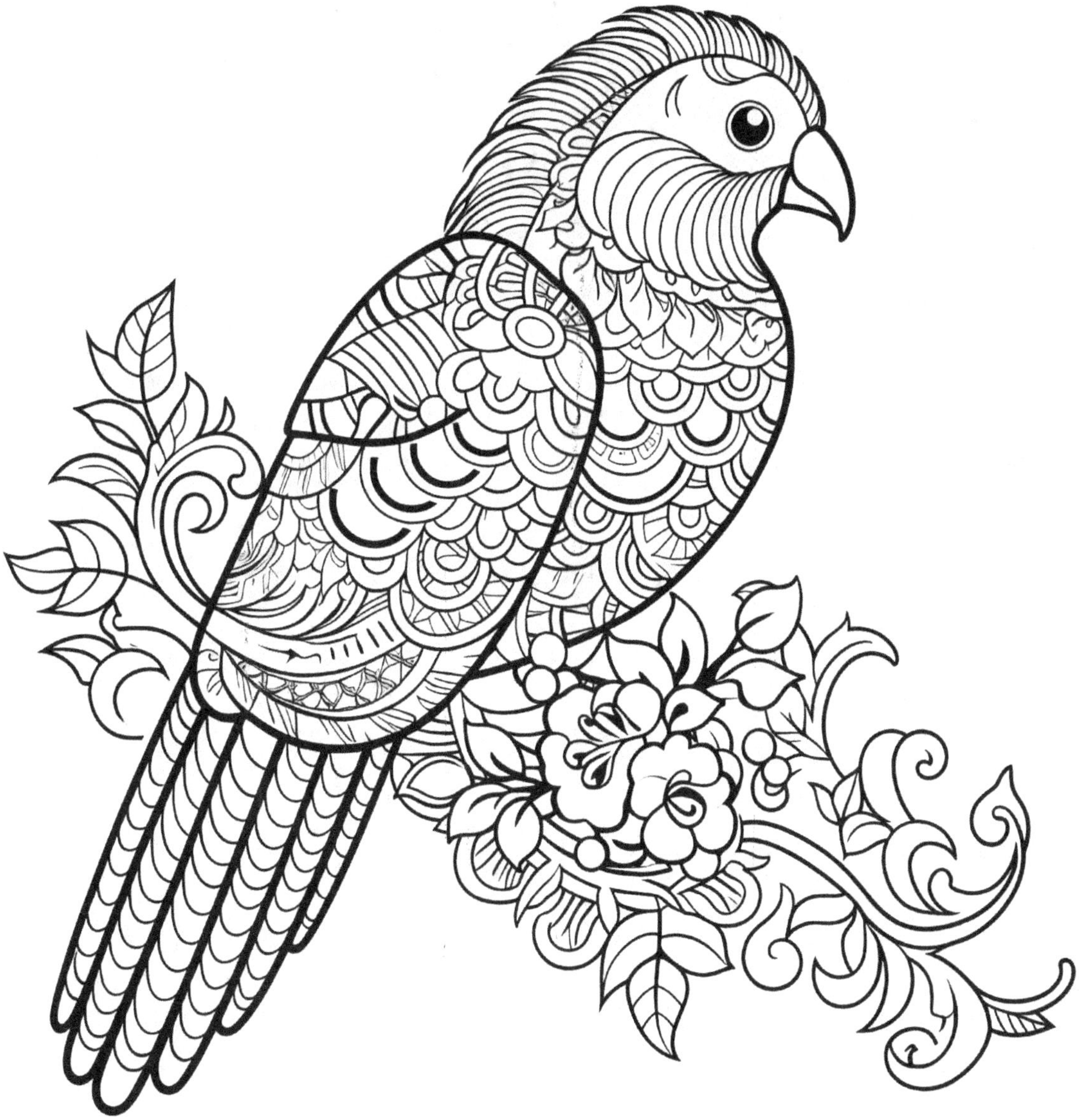

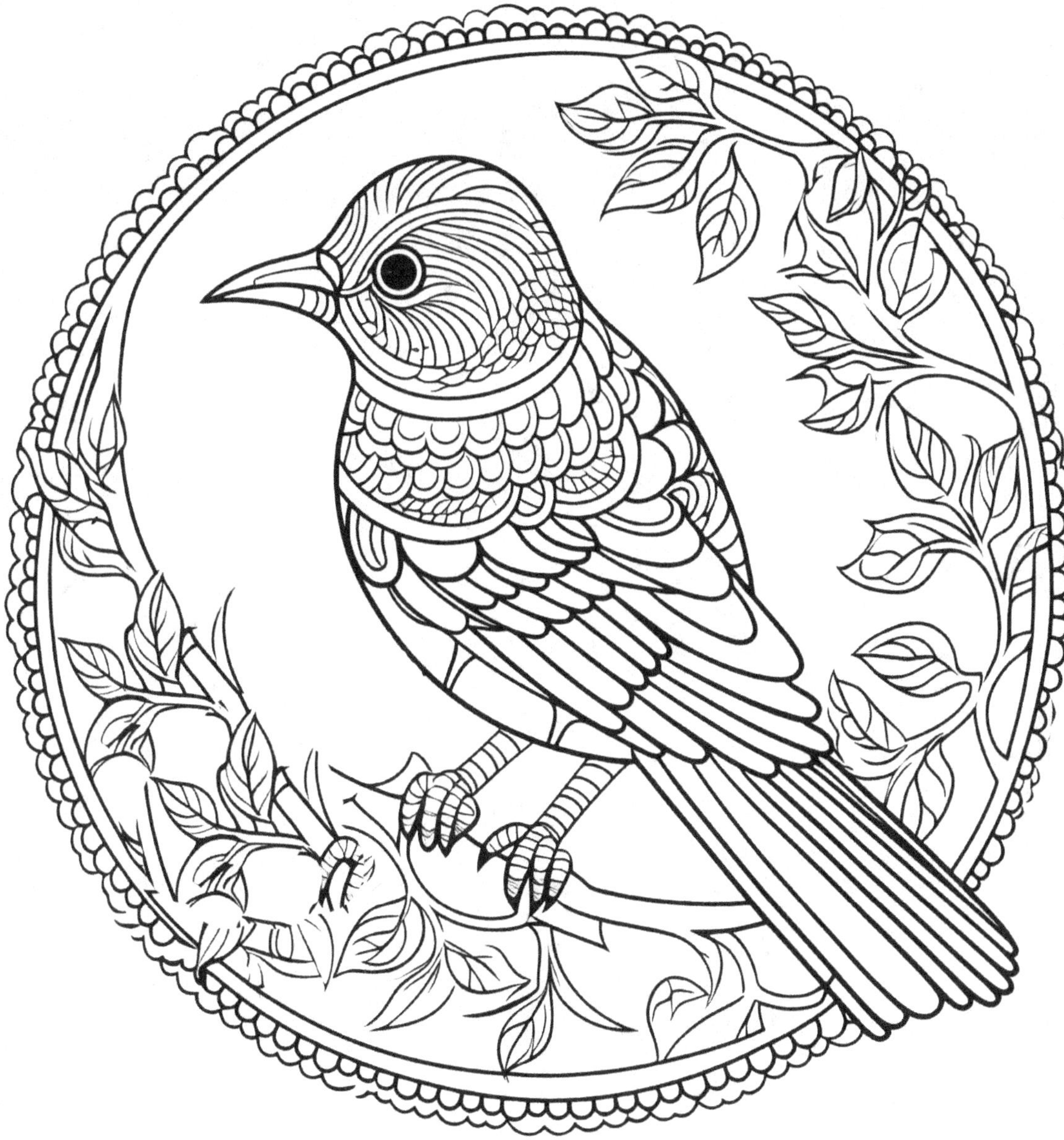

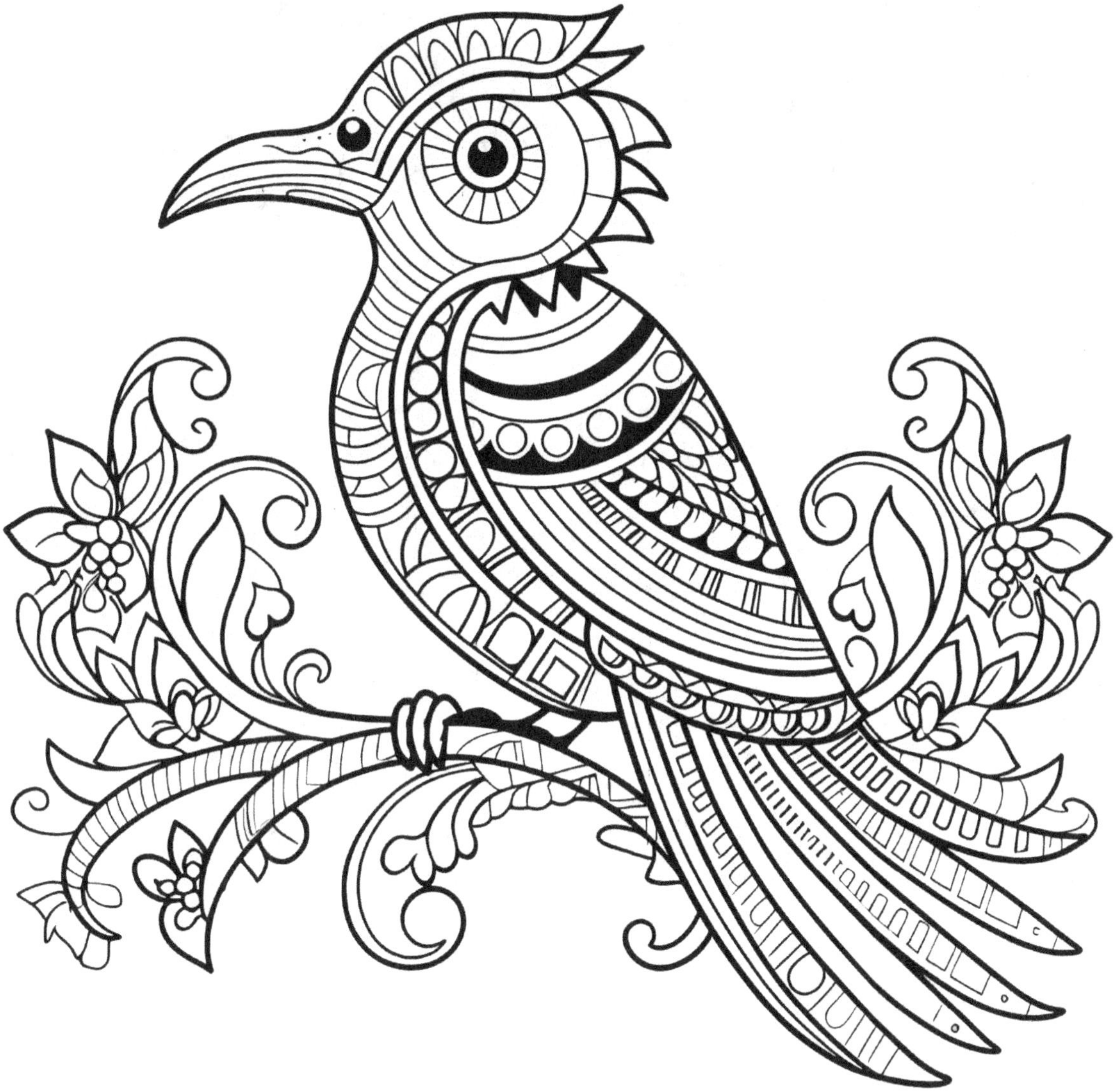

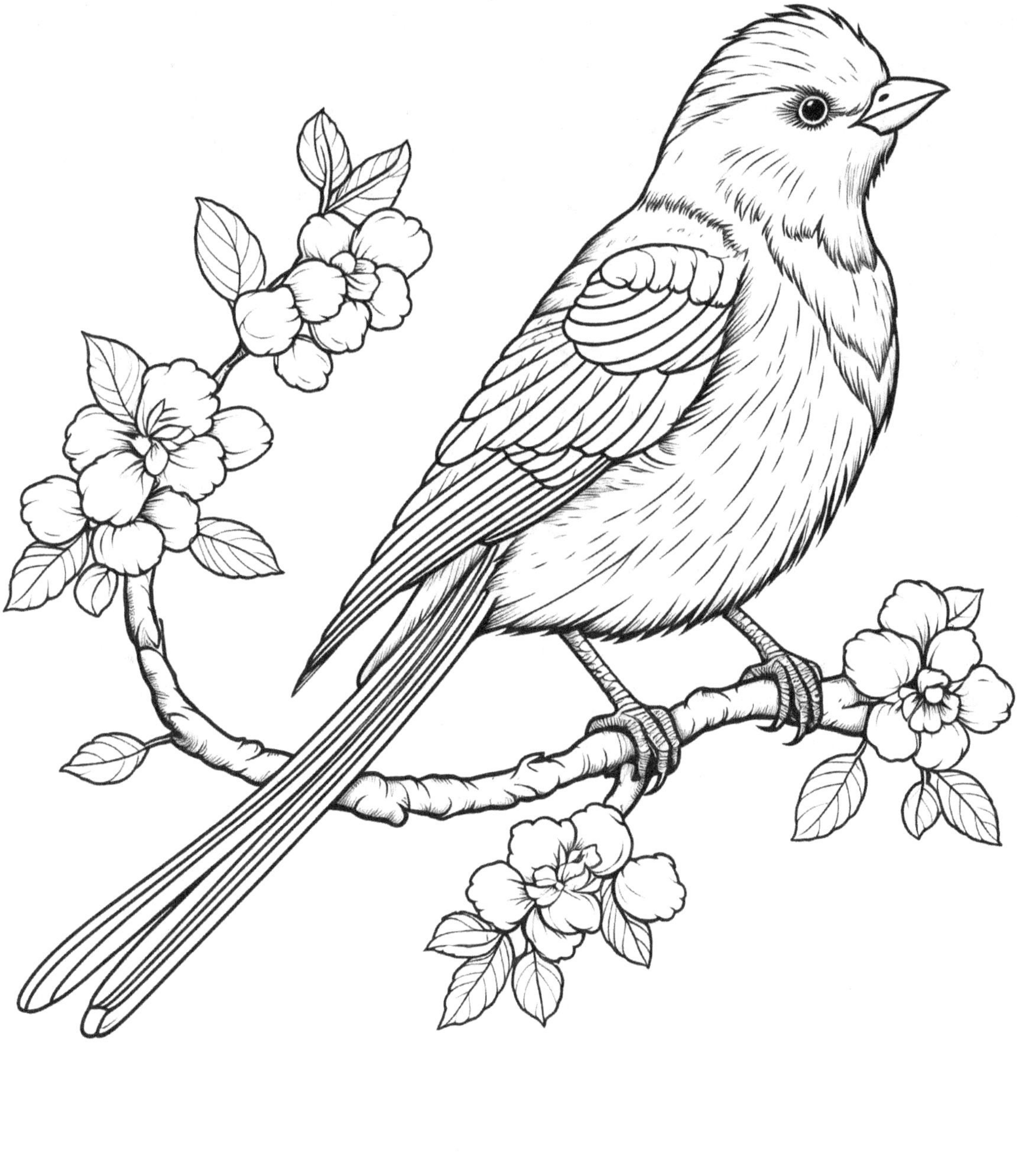

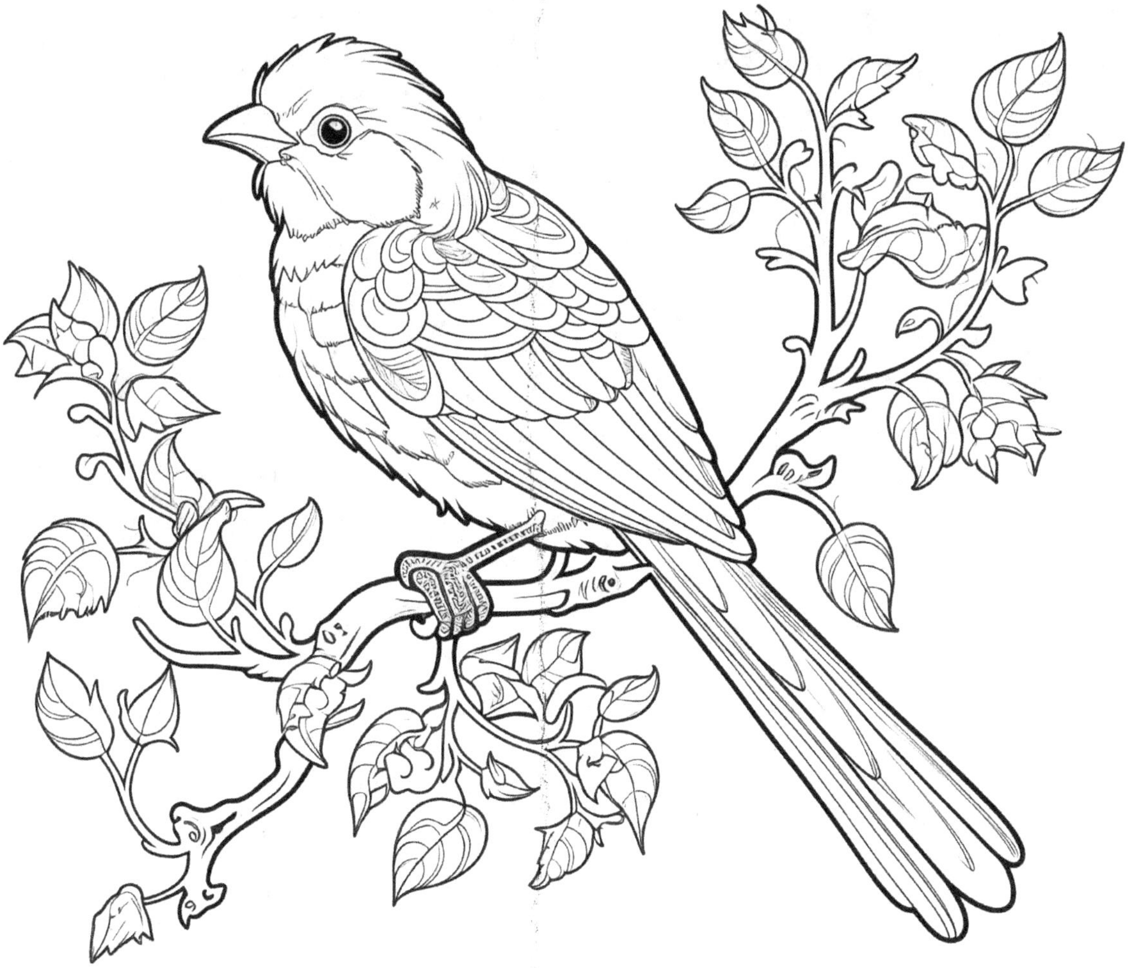

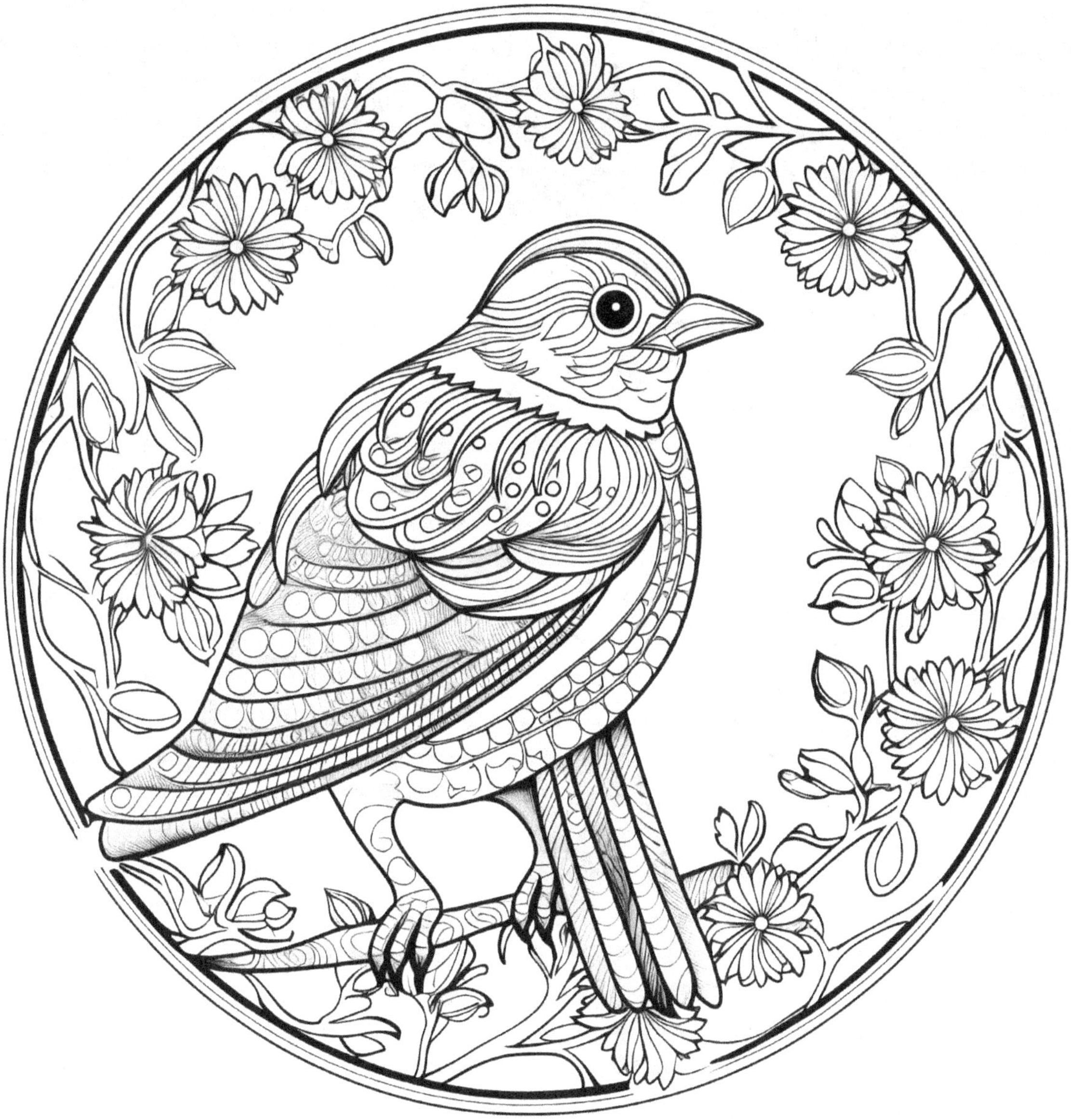

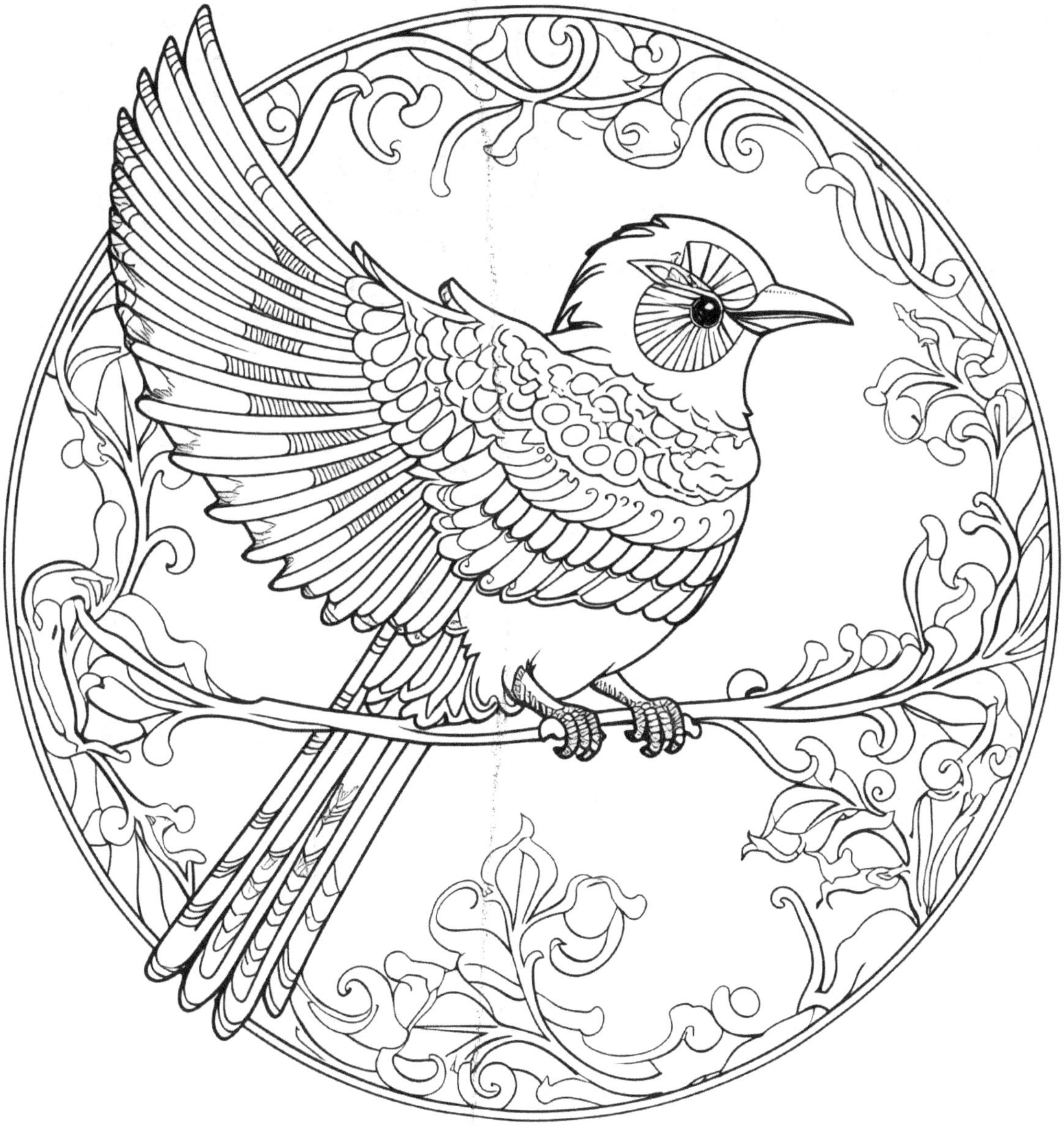

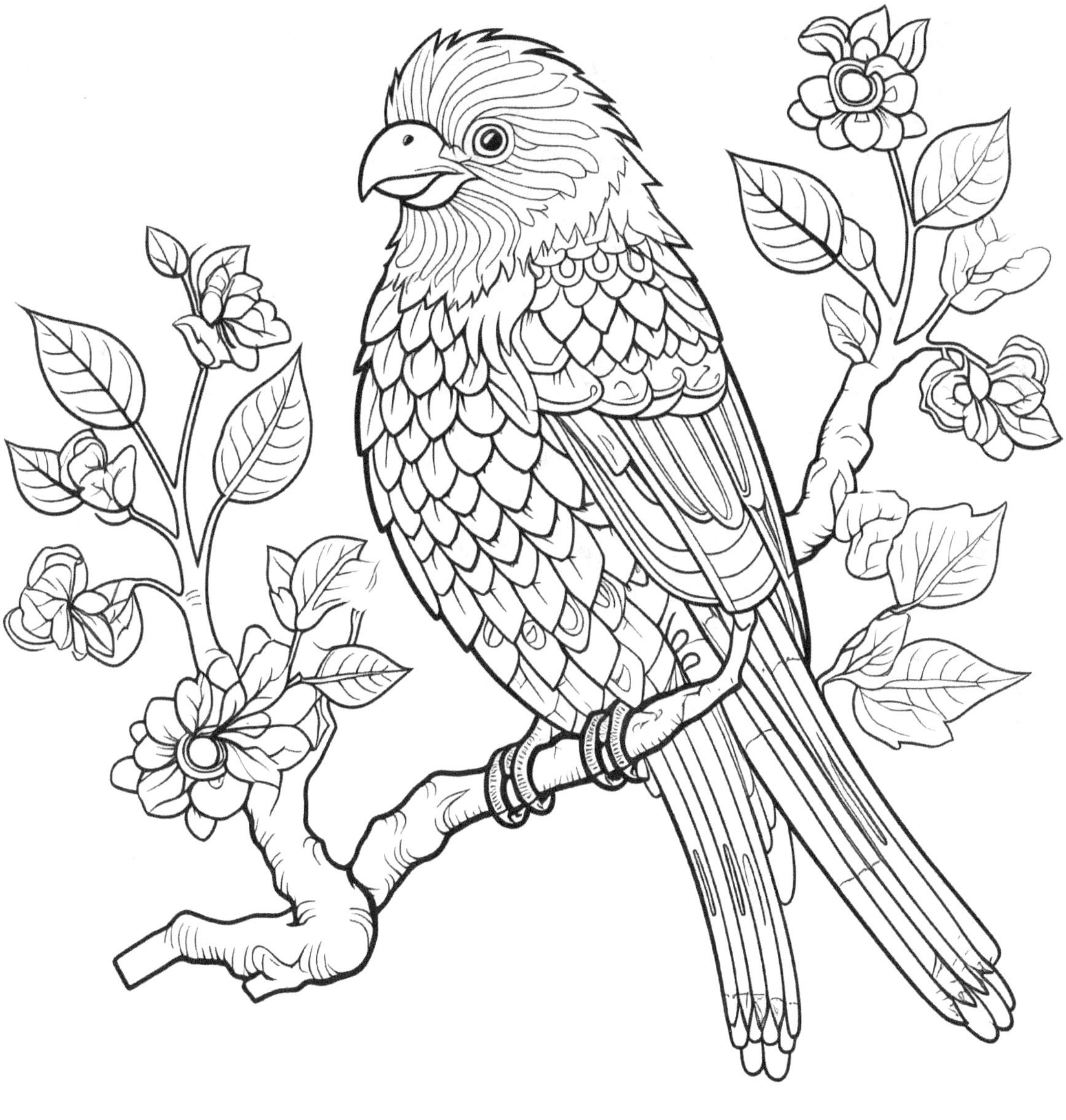

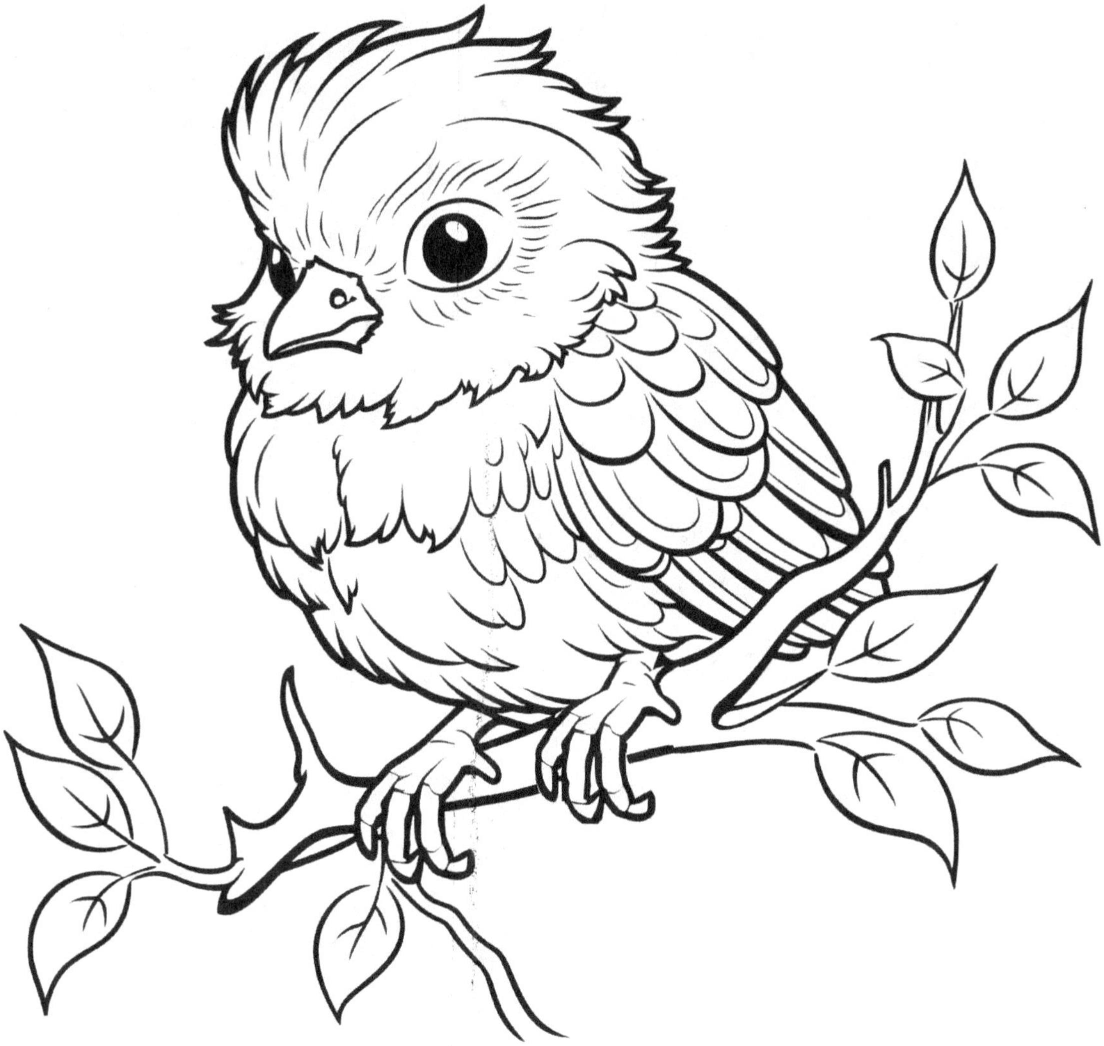

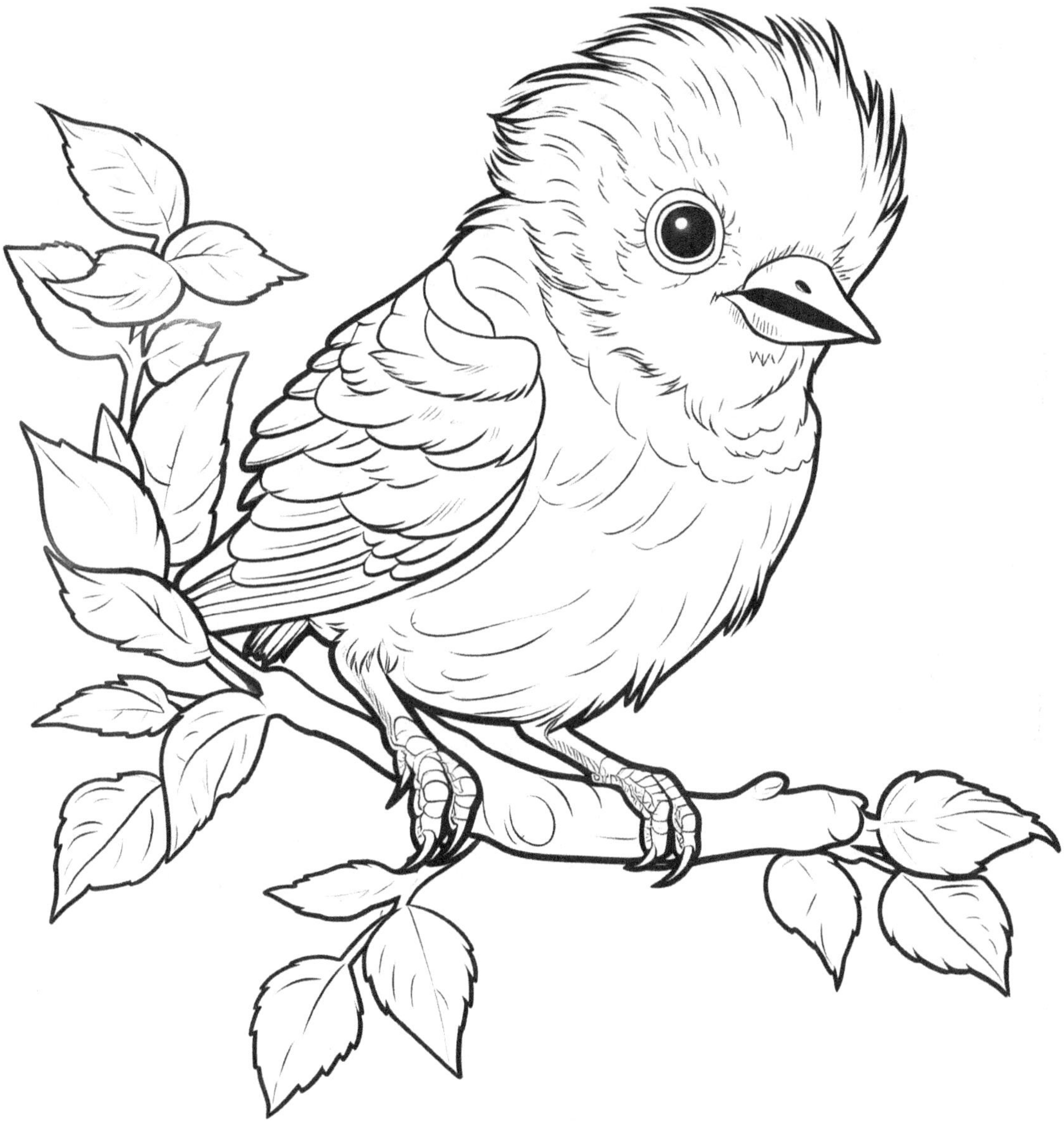

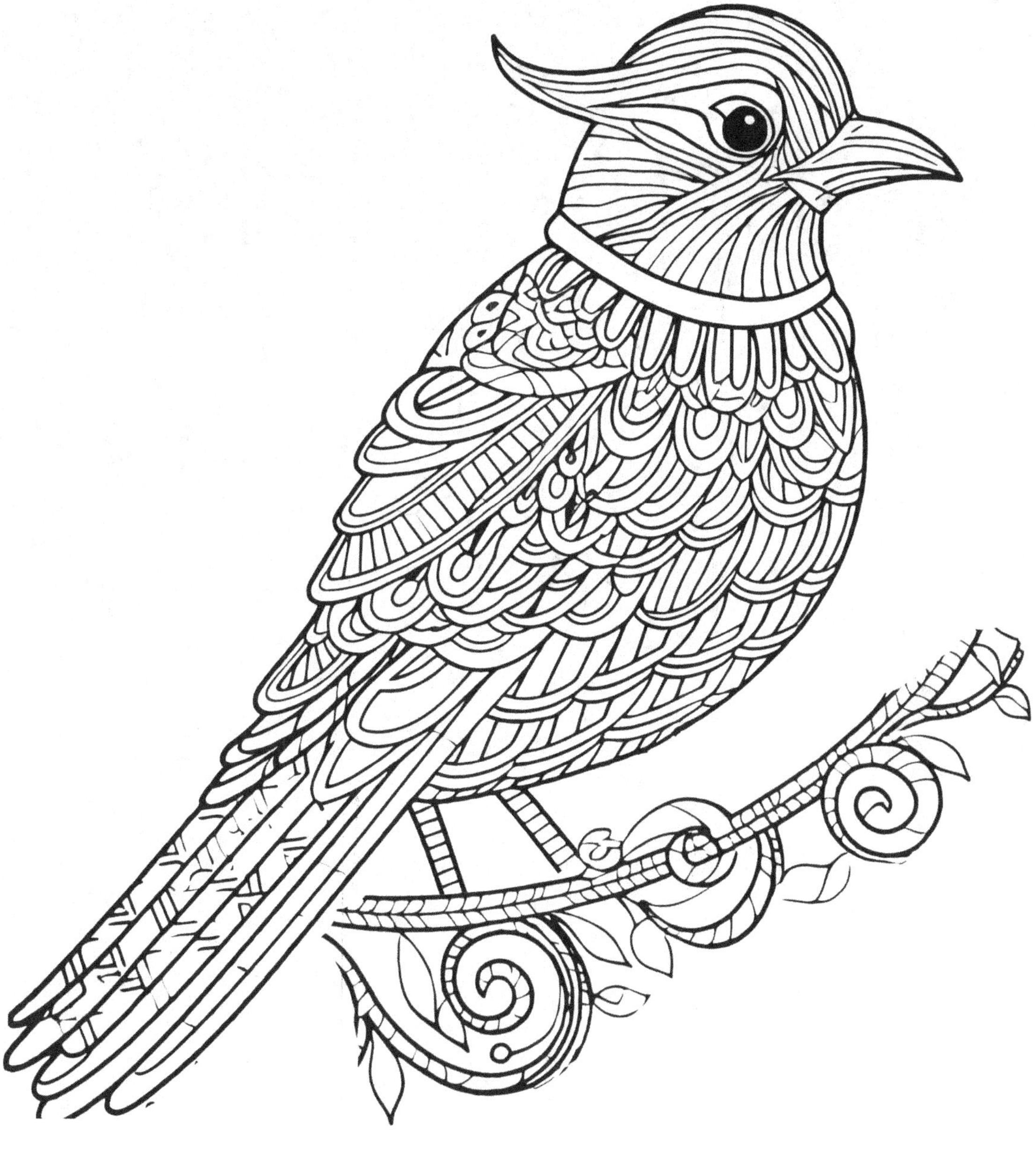

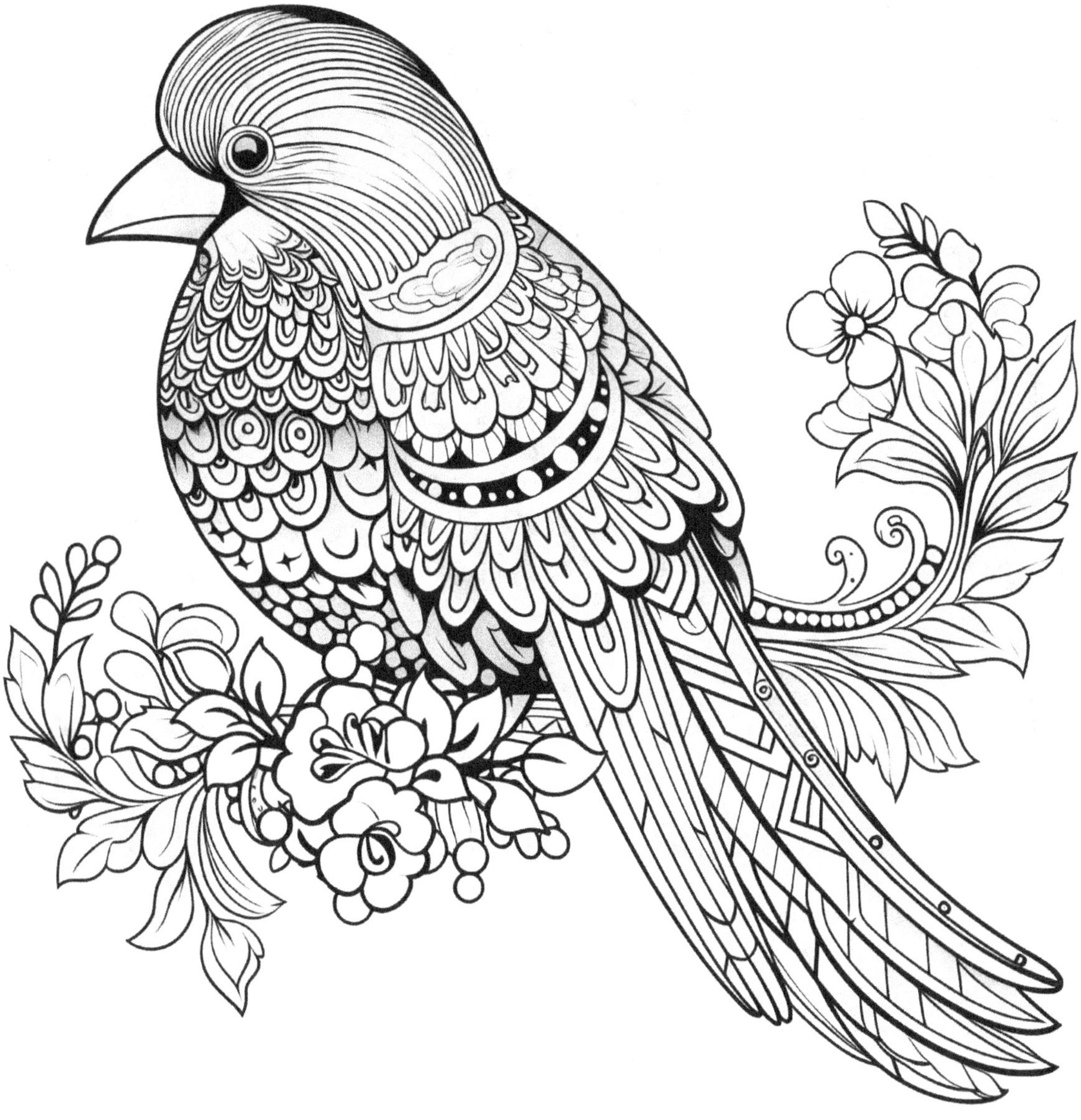

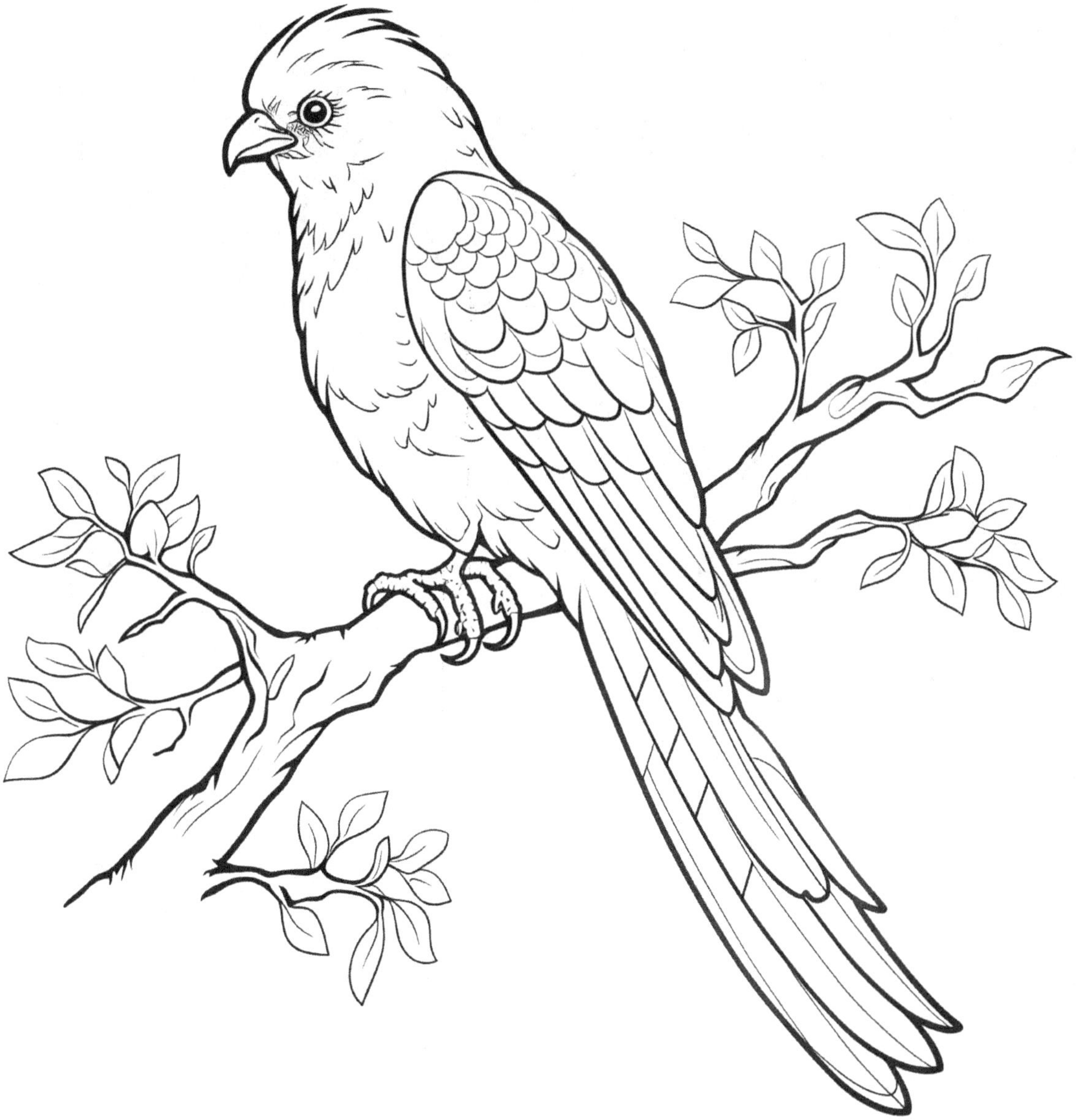

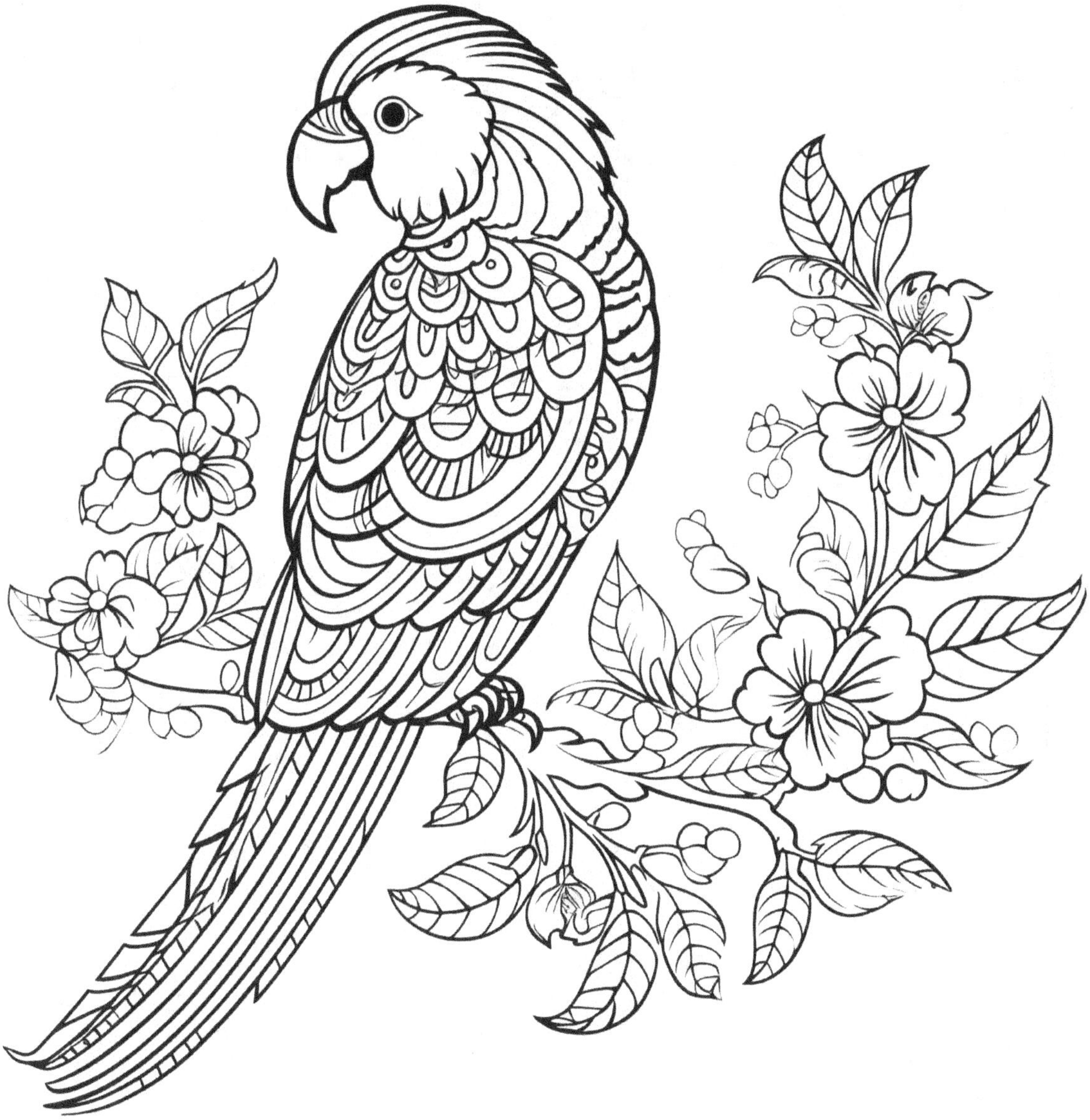

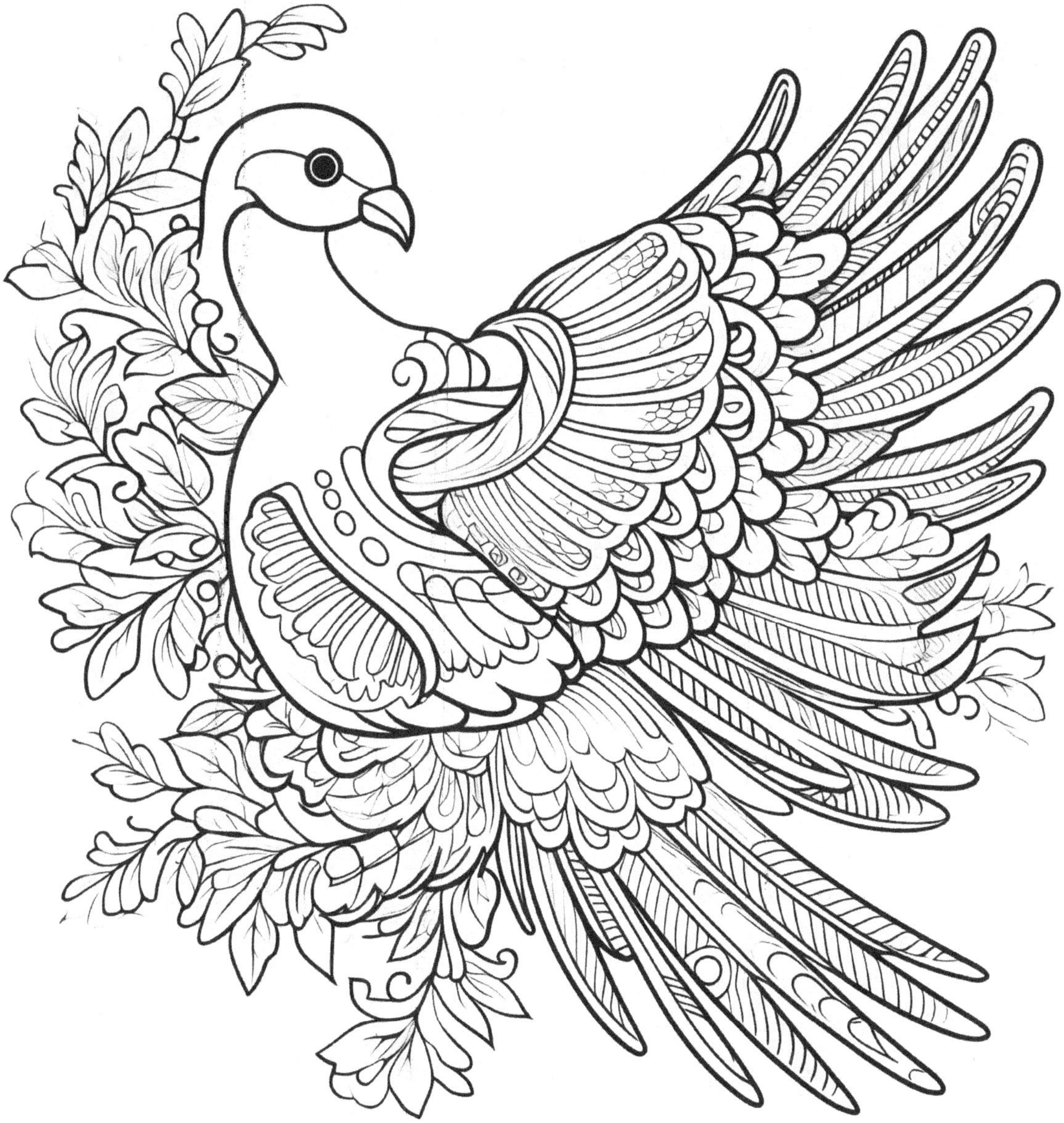

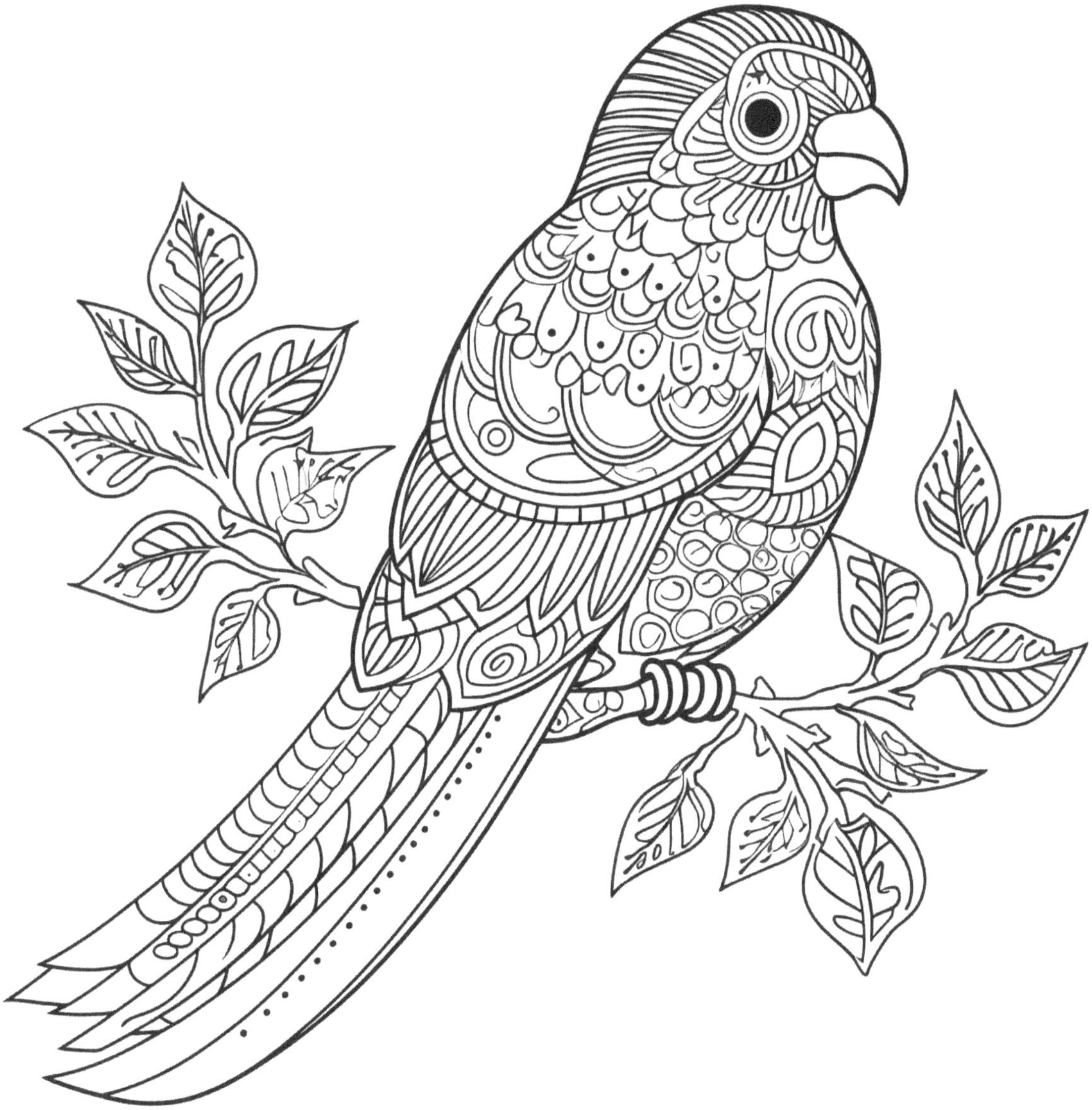

www.ingramcontent.com/pod-product-compliance
Lightning Source LLC
Chambersburg PA
CBHW080109010626
45794CB00016B/3543
9798873030699